# 中国经济报道与传播研究

## ——议题、事例与思考

## 杭 敏 著

中国财经出版传媒集团

经济科学出版社

Economic Science Press

**图书在版编目（CIP）数据**

中国经济报道与传播研究/杭敏著 . —北京：经济
科学出版社，2018.12
ISBN 978 - 7 - 5218 - 0084 - 5

Ⅰ.①中⋯　Ⅱ.①杭⋯　Ⅲ.①经济 - 新闻报道 -
研究 - 中国　Ⅳ.①G212.2

中国版本图书馆 CIP 数据核字（2018）第 289871 号

责任编辑：李　磊
责任校对：王肖楠
版式设计：齐　杰
责任印制：邱　天

中国经济报道与传播研究
——议题、事例与思考
杭　敏　著

经济科学出版社出版、发行　新华书店经销
社址：北京市海淀区阜成路甲 28 号　邮编：100142
总编部电话：010 - 88191217　发行部电话：010 - 88191522
网址：www. esp. com. cn
电子邮件：esp@ esp. com. cn
天猫网店：经济科学出版社旗舰店
网址：http：// jjkxcbs. tmall. com
固安华明印业有限公司印装
710 × 1000　16 开　12 印张　180000 字
2018 年 12 月第 1 版　2018 年 12 月第 1 次印刷
ISBN 978 - 7 - 5218 - 0084 - 5　定价：52.00 元

# 前　言

随着中国经济的发展，人们对财经资讯与经济新闻的需求越来越大。我从 2008 年开始从事财经新闻的教学工作，继而进一步关注财经与经济信息的传播。从 2015 年开始，我与研究团队进行了一系列关于中国经济发展核心议题的调研与分析，观测了这些议题的线上线下报道以及在国内外舆论场域中的传播情况，为媒体和相关政府部门提供了研究思考与决策建议。

本书选取了系列研究中一些较有代表性的议题，分三部分进行介绍：第一部分选择"十三五"规划的报道传播、"一带一路"倡议以及"供给侧结构性改革"作为经济传播中的热点议题进行调研；第二部分选取"人民币加入 SDR 货币篮"、"亚投行成立"，以及"两会经济报道"作为典型事例进行分析；第三部分则从经济传播的规律、经济对外传播以及中美贸易议题报道三方面选取研究成果进行归纳与总结，希望为读者提供关于财经新闻报道与经济信息传播的实践性启示与管理性建议。

书中所呈现的很多成果都来自团队的共同努力。在此，我要感谢我的博士生、硕士生李成章、杨可、原洋、李唯嘉等同学和 SRT 研究小组刘书田等同学们在数据收集和内容分析中所做的大量工作，他们对中外媒体的经济报道进行了细致的调研，并提供了翔实的素材和认真的思考。

我也要感谢中国财经出版传媒集团李磊、汪娟娟编辑的热忱支持与专业指导，他们的工作使这些成果能高效、高质地呈现给读者。

希望本书能从报道与传播的角度为发展中的中国经济增添一份研究智慧。

杭　敏

2018 年 12 月于清华园

1

# 目录

CONTENTS

第一部分

**研究概述**

# 一、研究背景与目的

中国经济步入"新常态"以来，面临着调整产业结构和转换经济发展方式等一系列严峻考验。如何在数字技术快速发展、媒介融合不断深入、受众需求持续变化，以及国际舆论环境日趋复杂的背景下，组织专业的财经新闻报道、进行科学的经济信息传播并开展有效的舆论引导是学界业界所共同关注的议题，亟待我们对此进行深入的研究与专门的探讨。

为此，本书从两个方面展开讨论。首先，本书选取了近期以来经济领域中出现的一些热点议题和重点事例进行分析。作者从议题的背景、中外媒体的报道、在网络空间的传播情况与受众影响等方面进行了数据收集、资料分析与讨论总结，提出了对不同经济议题进行专业报道与传播的策略性建议，以此来提供实践层面的启示。

其次，本书选取了作者在经济传播研究中的一些成果来进行呈现，总结在经济新闻报道、经济对外传播以及贸易议题报道中的规律、特点、路径与挑战，提供关于经济报道与传播的思考。

经济传播指经济信息的采集、发布、传播、接收、评估与反馈等，包括经济新闻生产与传播以及政府与其他机构组织的经济信息发布。经济信息的有效传播对推动经济持续稳定发展、促进社会和谐稳定具有重要的意义。本书通过对网络空间经济报道信息的收集、分析和研判，来探索经济传播的客观规律与舆论引导的议程设置。同时，作者也重点关注国际媒体对中国经济问题的报道与传播，总结国外新媒体在经济信息传播中的特点，提供传播决策参考、贡献研究智慧，以期提升网络时代经济对外传播与舆论引导的国际化能力。

## 二、研究结构性路径

本书遵循"热点议题带动、重点事例推进、分析建议结合、中外视角兼顾、路径规律思考"的原则,构建了从经济报道与传播中的热点议题追踪,到重点事例分析、对策建议提出,再到规律特点归纳的结构性路径,并以此形成相关研究成果。

### (一) 热点议题带动

研究聚焦中国经济发展中的热点议题,选取了"十三五"规划、"一带一路"倡议和"供给侧改革"三个议题来集中观测相关的报道与传播情况。通过对国内主流媒体、专业财经媒体、国外媒体和新媒体内容报道与信息传播的梳理与分析,总结经济传播中的基本面情况,提出决策建议。

### (二) 重点事例推进

近年来,在经济领域中有很多典型性事例,其特殊性、复杂性和重要性都使相关的报道与传播不同于一般性事件。作者选取了人民币加入特别提款权(SDR)货币篮、亚投行成立以及两会报道作为重点事例,分析在事件发生前后中外媒体报道与信息传播的基本情况，讨论其报道特点与传播趋势，并进行相应的分析。

## （三）分析建议结合

在对热点议题和重点事例的研究中，本书遵循调研为本、实践为用的原则，在对议题报道和资料调研、收集和分析的同时，提出对具体议题进行报道与传播的建议，为新经济形势下的经济报道与传播提供启示。

## （四）中外视角兼顾

本书不仅关注国内主流媒体、专业财经媒体和网络新兴社交媒体的报道，同时也调研分析了国外各类媒体的相关报道，兼顾中外媒体在议题设置与报道传播中的情况，对议题的国内外传播进行分析，探讨在日趋复杂的国际传播环境中进行经济报道的实践启示。

## （五）路径规律思考

本书还从经济议题的传播规律、经济议题的对外传播和贸易议题的报道与传播等方面进行了总结与思考，提出不同类型的经济议题的传播特点以及中国经济对外报道与宣传的途径。同时，作者也对最新的中美贸易议题的报道与传播进行了分析与探索，以形成归纳性成果。此外，在本书研究的过程中，定量的数据收集分析与定性的讨论总结也是重要的支撑。图 1－1 对本书研究的结构性路径进行了展示。

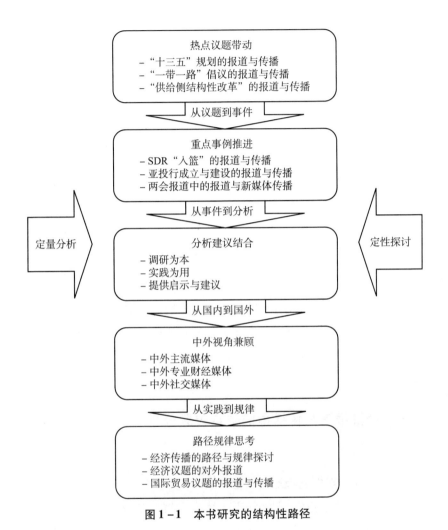

图1-1 本书研究的结构性路径

## 三、研究议题、事例与成果概述

基于以上路径，本书分三部分进行了阐述。首先，在对热点议题的分析部分，聚焦"十三五"规划、"一带一路"倡议与"供给侧结构性改革"，进行了相关报道与传播情况的观测；其次，在重点事例部分，调研了 SDR 入篮、亚投行成立和两会报道来进行论述；最后，在对经济议题报道的路径思考部分，选取经济报道规律、经济议题的对外传播和国际贸易议题报道来进行讨论。以下对研究的基本情况进行了概述。

### （一）经济报道与传播中的热点议题分析

#### 1. "十三五"规划的报道与传播

"十三五"规划是我国国民经济和社会发展的第十三个五年（2016 - 2020 年）规划纲要。2015 年 10 月 29 日，党的十八届五中全会审议通过了《中共中央关于制定国民经济和社会发展第十三个五年规划的建议》，习近平总书记在会上就该建议稿作了重要说明。在 2016 年 3 月召开的十二届全国人民代表大会第四次全体会议根据该建议又进一步审议通过《国民经济和社会发展第十三个五年规划纲要》。"十三五"时期是我国全面建成小康社会的决胜阶段,因此,"十三五"规划的网络传播工作是一项重要的系统性工程。本书观测的第一个热点议题即是"十三五"规划的报道与传播。

研究发现,国内主流媒体对"十三五"规划的报道主要集中在介绍内容、强调意义以及分析解读方面。专业财经媒体对"十三五"的报道从内容和形式方面都更加多元,多"小而精",少"大而全",在这类报道中较多地引用了国外媒体的评述。社交媒体也是"十三五"规划信息的传播主场域,讨论的热点多集中在"十三五"规划对金融市场的趋势带动、对实体经济的影响以及对民众生活等方面。

在国际方面,国外媒体在"十三五"规划建议出台后对中国经济的"新常态"发展表示了极大的关注,大量讨论了"十三五"规划对中国经济以及全球经济发展的影响。国外的新媒体网站也对"十三五"规划予以关注,认为"十三五"规划对中国未来发展会产生积极影响,同时也有不少声音对中国未来的发展模式是否能够成功转型提出质疑。

观测"十三五"规划的信息传播,可以发现中外媒体报道在舆论发展初期、舆论快速发展阶段、舆论持续发酵阶段和舆论热情减退阶段都呈现出不同特点。"十三五"规划是习近平主席任期内第一个五年计划,在这个特殊时期,中国能否转型成功并继续保持中高速发展,成为中外媒体关注的主要问题。因此,与其他五年规划相比,"十三五"规划更具特殊性,其规划的中国发展道路更加引发关注。为此,在对这一议题的报道中,应在注重全面性的同时,兼顾针对性。对国外媒体质疑中国的声音我们予以有效的回应,加大对"十三五"规划具体内容的详细解读,对规划目标的分析及实施提供切实可靠的数据。同时,也应将规划的意义与影响与民众生活更密切地关联,应用多元的传播方式来宣传规划,打好舆论基础、凝聚社会共识。

### 2. "一带一路"倡议的报道与传播

"一带一路"倡议是中国重要的国家战略,构建了我国经济社会发展的国际合作体系。在本书中，通过检索 2015 年以来关于"一带一路"的网络报道，对这一议题的传播情况进行了分析。

通过传播峰值密度观测，可以发现，在 2015 年期间"一带一路"话题报道数量波动较大；而 2016 年以来，报道峰值明显减少，这说明该议题的报道已进入了规范化和日常化模式。在报道与传播分析中，研究发现传播效率及效果有待提升、舆论缺乏自主自愿的导向以及趋于碎片化和沉默化等问题。为此，研究提出相关传播建议，包括：明晰政策细节，即公布明确的"一带一路"方案，减少受众的概念模糊感；完善政府信息，形成"一带一路"信息发布和宣传的日常机制与长效机制；提升数字化宣传技巧，加入新媒体的多元报道模式，从新颖的角度延伸报道内容，多维立体地进行调查、考察与研究，创新思考，打磨出耐读且深入的报道等。

### 3. "供给侧结构性改革"的报道与传播

"供给侧结构性改革"是我国目前宏观经济改革中的核心内容，是我们在供给侧结构与需求侧结构失衡的现实形势下采取的新的有效举措。2015 年 11 月 10 日，习近平总书记在中央财经领导小组第十一次会议上第一次提出"供给侧结构性改革"，标志着中央经济治理思路的重大转变。2015 年 11 月开始，国内外媒体围绕"供给侧结构性改革"议题展开了一系列的报道，本书就有关"供给侧结构性改革"的媒体报道与舆论传播进行了梳理与分析。

"供给侧结构性改革"具有深刻而丰富的内涵。供需结构错配是我国经济运行中的突出矛盾，矛盾的主要方面在供给侧，主要表现为过剩产能处置缓慢，多样化、个性化、高端化需求难以得到满足。中国的结构性问题主要包括产业结构、区域结构、要素投入结构、排放结构、经济增长动力结构和收入分配结构等六个方面的问题。这六个方面的结构性问题既相对独立又相互叠加，都需要通过结构性改革去有针对性地解决。因此"供给侧结构性改革"包含了非常丰富的内容，涉及了经济领域的方方面面。但是，调研发现，不少媒体在报道该议题时出现了概念误读，其中有些媒体将其误读为起源于西方供给学派的经济理论；另外，还有一些媒体将"供给侧结构性改革"片面地理解为中国即将实施经济紧缩政策。而国外媒体对中国的"供给侧结构性改革"有更深的误解。不少国外媒体在报道该议题时会在提到里根，并将其进行对比；也有一些国外媒体直接将中国的"供给侧结构性改革"与里根经济学画等号；甚至还有国外媒体直接将习近平划为供给学派的代表。种种误读都需要我们在报道与传播中予以说明与澄清。因此，在对策中，研究提出对该议题进行及时且持续解读的建议，呼吁媒体更多地进行深入报道和专业深入的解读以引导舆论，解决信息不对称带来的误读。

## （二）经济报道与传播中的重点事例分析

### 1. SDR 入篮的报道与传播

对于经济报道与传播的重点事例分析，研究选取的第一个案例是 SDR "入篮"。2015 年 12 月 1 日，国际货币基金组织（IMF）董事会决定将人民币纳入特别提款权（SDR）货币篮子，人民币成为继美元、欧元、英镑、日元之后第五种国际官方储备货币，占比为 10.92%，超过日元和英镑，这成为中国金融国际化进程中的重要里程碑事件。

IMF 官方宣布同意人民币加入 SDR 货币篮子之后，国内外媒体在此前的预测和铺垫基础上，加大力度展开了一系列报道，国内社交媒体上也掀起了关于 SDR 的话题热潮。研究基于 SDR "入篮"消息发布前后中外媒体的报道，对传播中的舆情基本面情况进行了分析，并提出相关建议。

从传播基本面情况来看，国内主流媒体对于人民币加入 SDR 货币篮子的报道以积极宣传为主，侧重报道人民币"入篮"对中国经济未来发展的积极影响；而专业财经媒体则体现出了更多的思考与分析，聚焦讨论的议题包括：人民币"入篮"是否会倒逼国内金融体制改革，以及人民币入篮对百姓生活会产生什么具体影响等。在社交媒体平台上，网友们重点讨论SDR"入篮"对A股的影响、人民币的海外消费，以及海外资产购置等与民众生活休戚相关的议题。国外媒体不少报道认为人民币"入篮"的象征性意义大于实际性意义，也有媒体将"入篮"与人民币汇率贬值相关联。

在此背景下，研究提出了对SDR报道与传播的建议：加入SDR是一把双刃剑，一方面这将会促进人民币国际化进程，对中国经济产生积极影响；另一方面也要求我国的金融体制和货币体系更加公开透明，对监管提出较高要求。因此，媒体应引导民众客观认识加入SDR所带来的机遇和挑战。同时，由于SDR专业性较强，民众对于人民币加入SDR存在较多误区，因而会出现谣言与误解，如民众认为人民币"入篮"后，在海外可以直接用人民币购物等。对此，媒体有责任进行有针对性的疏导和澄清。在信息传播过程中，媒体报道应重点关注人民币"入篮"对普通受众带来的影响，帮助民众正确认识人民币"入篮"与自身的关系，提高民众对此议题的积极认知。比如人民币的信用提高，币值更稳定，钱包缩水的压力减轻，境外购物和投资更便利等变化将直接影响老百姓的生活。另外，为进一步提升中国在世界经济体系中的影响力，也应强调人民币加入SDR对优化全球储备货币体系的积极作用，以及中国政府愿意参与全球经济治理，履行大国责任等信息，为阴霾重重的世界经济走向复苏贡献力量。

## 2. 亚投行成立与建设的相关报道与分析

亚投行的成立是近年国际经济社会领域中的重要事件，本书也对亚投行的相关报道与信息传播进行了分析。亚洲基础设施投资银行（Asian Infrastructure Investment Bank，简称亚投行，AIIB）是政府间性质的亚洲区域多边开发机构，重点支持基础设施建设。亚投行的成立宗旨在于促进亚洲区域的建设互联互通化和经济一体化的进程，并加强中国与其他亚洲国家和地区的合作。

　　亚投行的建设、成立与发展是近年来经济传播领域中的重要议题。围绕此议题，特别是中国在其中所起的作用和扮演的角色，国内外媒体展开了一系列报道，国内的社交媒体也进行了大量关注与讨论。在对媒体报道内容和网络传播信息的梳理中可以看出，不论是国际媒体还是国内媒体，舆论对于亚投行的报道大多持相对积极乐观的态度，这与我国宣传工作力度的加强密切相关；而对于一些"阴谋论"、"中国威胁论"的怀疑，国内媒体也作出了相应的澄清。此外，相对于 SDR 议题的报道，我国的外宣机构对亚投行的报道加大了社交媒体的宣传力度，部分关于亚投行的国际报道得到了较高的转发率和点赞率。

　　在调研的基础上，本书提出，亚投行建设与发展是具有长期影响力的国际经济事件，需要我们对其进行长期持续的关注，其传播工作也需要形成系统化战略。亚投行的筹备、签约、成立、正式运营，以及后续运行效率和实际国际影响力等都将成为未来长时间内媒体和民众关注的焦点。因此，在经济报道与传播中，要结合亚投行的发展目标和核心任务，制定整体的传播战略与系统的实施规划，并明晰传播目标与阶段重点。

　　同时，亚投行是中国倡导的国际经济发展战略，虽然中国作为亚投行的最大股东，起到一定的主导作用，但亚投行本质上是一个国际机构，具备多方参与的特点。这意味着在经济传播过程中，我国的新闻媒体机构要充分与国际媒体接轨，引入国际信息。在亚投行关键事件的传播中，应当尽量避免唱"独角戏"，要更加重视与其他国际媒体的对话与合作，实现"经济传播外交"，促进议题的国际传播。此外，在信息传播中应考虑到传播生态中的信息平衡原则，不要只有一边倒的正面宣传；特别是外宣媒体，要善于把握国际读者的文化与阅读习惯，少用"隔空喊话"，多用专家解读、列举客观数据等实际论据饱满的方式来进行情况说明，让更多国际民众尤其是年轻一代受众更准确、更深入、更客观地听到中国的声音，了解中国在推动世界经济发展中的作用。

### 3. 两会报道中的新媒体应用与分析

本书选取的另一案例是两会期间的经济报道，其中，研究具体聚焦2016 年的两会，将分析视角集中在新媒体层面，观测和考察两会期间中外媒体运用新媒体技术报道经济议题的具体情况。

本书研究将新媒体报道分为数据驱动的新媒体报道和互动沉浸式的新媒体报道。数据驱动的新媒体报道包括数字新闻、数据可视化应用等，而互动沉浸式新媒体报道包括微信、微博、沉浸式多媒体报道以及虚拟现实报道（VR）等。研究观测了国内主流媒体、专业财经媒体、国际媒体的中文网站以及社交媒体的两会报道，聚焦其中的新媒体应用，列举和分析了较有代表性的案例。研究发现，国内媒体、国外媒体和社交媒体平台上对两会的报道在新媒体的应用上都有了较大的突破，但同时也存在一些诸如新媒体报道流于形式，传播效果有限等问题。

针对上述问题，作者提出了具体对策，建议在经济信息传播中可以更多使用动态图表和交互式图表，从而生动展现新闻事件全貌，提高用户参与度和界面友好度，实现大数据新闻呈现的核心优势。同时，研究指出：如果新闻传播过度聚焦于数据体验形式，深度阅读的受众可能会越来越少；而对于经济议题，深度报道是必要的手段，只有从背景、现状、影响等方面入手，提供全方位的信息，才能将经济信息有效地传递给受众。虽然数字化新闻的报道方式可以很好地将内容和形式相结合，但数据可视化新闻传播应该不只是将多媒体技术手段应用于报道，内容依然是服务于受众需求的核心。因此，有影响力的媒体平台要着力保障数据呈现的原创性、真实性，引导健康的网络环境和活跃的阅读氛围，将多媒体的表现形式和高质量内容相结合，以更高效地吸引受众注意力。

## （三）经济报道与传播中的研究归纳与思考

### 1. 经济议题的报道与传播规律

除了以上的热点议题与重点事例讨论与分析，本书还展示了研究层面的归纳与总结性成果①。从经济议题涉及的范围（国内或国际议题）和持续的周期（短期或长期议题）两个维度来划分，作者将议题归纳为国内短期经济议题、国内长期经济议题、国际长期经济议题和国际短期经济议题四种主要类型。其中，国内短期经济议题涉及的报道范围主要集中于国内，一般具有单发性特征，报道周期和传播持续时间较短；国内长期经济议题涉及的报道范围主要集中于国内，报道周期和传播持续时间较长，包含的事件具有多发性特点；国际短期经济议题指报道范围同时涵盖国内外，且持续时间较短的议题；国际长期经济议题指报道范围涵盖国内外，且持续时间较长的议题。

通过对 2017 年全国两会期间国内外媒体报道的梳理，研究运用百度指数和彭博财经信息数据终端的观测工具，对各类经济议题的传播情况进行了分析，并总结了国内外经济新闻在报道方式、议题类型、传播渠道和传播路径等方面的规律与特征，为媒体经济报道与传播的实践提供了启示。

### 2. 中国经济的对外报道与传播

随着经济社会的快速发展，中国作为世界第二大经济体备受关注，但由于语言、政治和文化等诸多原因，国际社会对中国经济现状与发展的认识还存在不少误区，迫切需要在对外经济传播的过程中，用客观、真实和生动的语言，来消除误解、解除争议，讲述中国经济故事，发出自信而专业的中国

---

① 杭敏、原洋. 经济新闻的议题类型与传播规律研究，《新闻战线》，2017（11）.

声音。为此，这一研究以近年来中国经济发展中引发国内外媒体关注的若干
典型议题为例，分析了经济报道与传播的背景与内容，总结了经济对外传播
的特点与规律，探索提升中国经济对外传播效果的路径①。

### 3. 国际贸易议题传播中的观察与分析

本书的最后一项研究成果与近期备受关注的中美贸易争端议题相关②。
国际贸易是财经新闻报道中的重要内容。随着贸易全球化的拓展，国际贸易
报道中的热点性、争议性话题不断出现，引发了受众的极大关注，如何在新
媒体时代做好全球贸易报道也成为经济新闻报道与传播中亟待探讨的议题。
因此，作者以"中美贸易"议题为例，选取了 2018 年 3 月下旬该议题引爆
到 5 月中旬中美两国发表联合声明的时期作为分析区间，介绍与讨论了在这
一期间中国主流媒体和国际媒体对中美贸易议题的报道，以及社交媒体平台
上相应的受众舆情变化，以提供关于贸易报道的分析与思考。

---

① 杭敏．探索中国经济对外传播，《对外传播》，2017（03）.
② 杭敏．国际贸易议题中的数据与思考，《新闻战线》，2019（01）.

第二部分
# 中国经济报道与传播中的热点议题分析

# 一、"十三五"规划的报道分析与传播建议

"十三五"规划是我国国民经济和社会发展的第十三个五年（2016 –
2020 年）规划纲要。2015 年 10 月 29 日，党的十八届五中全会审议通过了
《中共中央关于制定国民经济和社会发展第十三个五年规划的建议》，习近
平总书记在会上就该建议稿作了重要说明。在 2016 年 3 月召开的十二届全
国人民代表大会第四次全体会议根据该建议又进一步审议通过《国民经济
和社会发展第十三个五年规划纲要》。

"十三五"时期是我国全面建成小康社会的决胜阶段。党的十八届五中
全会指出，我国发展仍处于可以大有作为的重要战略机遇期，并面临矛盾叠
加、风险隐患增多的严峻挑战。我们要准确把握战略机遇期内涵的深刻变
化，更加有效地应对各种风险和挑战，不断开拓发展新境界。在此背景之
下，做好"十三五"规划的传播与宣传工作意义重大。"十三五"规划的网
络传播工作是一项系统性工程。从经济层面上来看，改革进入攻坚阶段，我
国经济持续稳定发展面临诸多挑战，经济下行压力大，结构调整任务重，一
些社会问题也集中爆发。从媒介环境来看，国际舆论环境复杂多元，新媒体
技术日新月异，信息传播与舆论扩散也呈现出许多与以往不同的形式与特
点。因此，有必要对"十三五"规划的相关报道与传播工作进行专门的
研究。

在这一部分中，研究聚焦 2015 年末"十三五"规划出台的前后时期，对这一阶段中外媒体的相关报道与舆情传播基本情况做了信息收集、资料整理与内容分析，并在此基础上提出了对"十三五"规划进行进一步传播与宣传的建议。

## （一）国内外报道与传播的基本情况

以"十三五"规划建议为重要议题的中共十八届五中全会于 2015 年 10 月 29 日在北京闭幕。同日，十八届五中全会公报公布，这份近六千字的公报，为中国未来五年的经济发展确定了总体方向。围绕"十三五"规划，国内外媒体展开了一系列报道，社交媒体也表现出诸多有益的关注与讨论。以下以这一时间点为基础，对有关"十三五"规划的媒体报道与舆论传播进行梳理与分析。

### 1. 国内媒体报道与社交媒体传播情况

（1）国内主流媒体（综合性媒体）对"十三五"规划的报道。

观测这一期间国内主流媒体对"十三五"规划的报道，虽然时间节点不同，内容侧重也各有差异，但主要集中在如下三个方面：

①介绍"十三五"规划的主要内容。

这类报道重点介绍"十三五"规划的文本内容，叙述为主，评论较少。公报将"创新"置于发展理念之首，媒体报道中也明确并多次强调"创新"在"十三五"规划中的重要地位。

"十三五"明确要求"必须把创新摆在国家发展全局的核心位置"，让创新"贯穿党和国家的一切工作"。①② 中国国际经济交流中心经济研究部部长徐洪才表示，强调推进理论创新、制度创新、科技创新、文化创新等各方

---

① 凤凰网文章：http：//finance. ifeng. com/news/special/jdsswgh/index. shtml
② 新华网文章：http：//www. sh. xinhuanet. com/2015 – 10/30/c_134765791. htm

面创新，要求创新"全覆盖、全方位"，把创新"置于前所未有的高度"。围绕创新发展的具体策略，公报提出要拓展发展新空间，实施"互联网＋"行动计划，发展分享经济，实施国家大数据战略等①。创新之外，媒体还较为关注"全面小康"（"十三五"另一关键词），即经济保持中高速增长，在提高发展平衡性、包容性、可持续性的基础上，到2020年国内生产总值（GDP）和城乡居民人均收入比2010年翻一番。

对于"协调发展和绿色发展"，部分报道集中于"十三五"规划如何实行最严格的环保制度、如何促进城乡区域协调发展、促进经济社会协调发展等；也有报道重点关注"十三五"中的开放发展②，即提高全球经济治理中的制度性话语权，并论及"一带一路"建设。上述有关"十三五"公报的报道，大多引用了专家的分析性意见③。

还有一些报道以总结归纳的形式分析了"十三五"规划中未来将有极大发展空间的几大行业，比如，新华网和人民网分别分析、预测了"互联网＋"和环保等产业在"十三五"期间的发展繁荣④。

除此之外，国内主流媒体在报道中还采用了数据可视化的新媒体表达方式，如：新华网数据新闻频道在"十三五"舆论发展初期就建立了可视化报道页面，将"十三五"的亮点用数字化方式进行了呈现。

②强调"十三五"规划的重大意义。

这类报道着重强调"十三五"规划的意义。报道指出"十三五"是在"四个全面"战略思想指导下制定的首个五年规划，确立了中国全面建设小康社会新的目标要求和理念。同时，"十三五"时期还是中国实现全面建设小康社会目标的决胜阶段，是中国全面深化改革要取得决定性成果的关键时期。为此，主流媒体对社会各界、各党政机关和各地群众如何关注、研究和

---

① 新华网文章：http：//news. xinhuanet. com/politics/2015 – 10/30/c_128377420. htm
② 环球网文章：http：//finance. ifeng. com/a/20151103/14054469_0. shtml
③ 中国新闻网文章：http：//www. chinanews. com/gn/2015/11 – 07/7610878. shtml
④ 新华网文章：http：//www. sn. xinhuanet. com/2015 – 11/01/c_1117003962_2. htm

讨论"十三五"规划进行了专门报道①②。

国内主流媒体报道对"十三五"给中国经济社会的发展带来的影响进行了预期，对中国在"十三五"期间的未来进行了展望③④⑤⑥⑦。少部分报道聚焦于"十三五"给中国带来的变化将产生哪些国际影响以及"十三五"对中国的国际地位会产生怎样的影响⑧⑨⑩。

部分报道以行业为细分方式分析了"十三五"规划对各行各业的影响。其中，报道的主要对象集中于环保和新能源领域，报道了该领域未来的发展方向以及环保行业在"十三五"规划中的发展机遇、挑战，及各地区的应对措施⑪⑫⑬⑭⑮⑯。

③分析解读"十三五"规划。

上述两类报道主要基于规划的文本内容展开叙述，而第三类报道则以对"十三五"规划的评议解读为主。

这其中大部分报道介绍了全国各地方政府如何召开座谈会、研究、讨论

---

① 新华网文章：http：//news. xinhuanet. com/2015 – 11/03/c_1117025414. htm？from = androidqq
② 凤凰网文章：http：//news. ifeng. com/a/20151101/46068411_0. shtml
③ 人民网文章：http：//ah. people. com. cn/n/2015/1110/c351992 – 27066906. html
④ 人民网文章：http：//gs. people. com. cn/n/2015/1111/c360943 – 27074056. html
⑤ 人民网文章：http：//sn. people. com. cn/n/2015/1111/c190216 – 27075409. html
⑥ 新华社文章：http：//hn. chinaso. com/detail/20151110/100020003282660144712328736174577
07_1. html
⑦ 新华社文章：http：//news. ifeng. com/a/20150811/44402479_0. shtml
⑧ 人民网文章：http：//ln. people. com. cn/n/2015/1111/c353929 – 27074921. html
⑨ 人民网文章：http：//gs. people. com. cn/n/2015/1111/c360943 – 27073828. html
⑩ 人民网文章：http：//gs. people. com. cn/n/2015/1111/c360943 – 27073968. html
⑪ 人民网文章：http：//xj. people. com. cn/n/2015/1112/c188522 – 27080985. html
⑫ 中国证券网文章：http：//finance. chinaso. com/detail/20151110/100020003288014144712383
4098920071_1. html
⑬ 搜狐文章：http：//mt. sohu. com/20151114/n426463698. shtml
⑭ 经济参考报：http：//politics. chinaso. com/detail/20151112/100020003289284144728766607817
7162_1. html
⑮ 新浪文章：http：//finance. sina. com. cn/money/fund/jjcc/2015 – 11 – 14/detail-ifxkszhk0253457.
shtml
⑯ 凤凰网文章：http：//news. ifeng. com/a/20150828/44536456_0. shtml

"十三五",以及地方政府如何引领群众关注"十三五"。报道简要介绍了"十三五"在各地的讨论和实施情况,并对各地政府如何组织专家座谈、规划"十三五"期间当地发展战略等工作进行了总结,并重点提及了一些典型地区①②③④⑤⑥⑦。

媒体集中分析"十三五"规划中各关键词的内涵及其影响,同时也注意对比"十三五"与国家以往发展规划的不同之处。报道指出,"十三五"区别于以往的社会经济发展规划的关键在于,它更能够带来每个人的全面自由发展,其创新之处不仅停留在经济增长方式层面,而且扩展到了制度创新的层面⑧。一些报道从这个角度出发,邀请专家学者分析论证了"十三五"与"十二五"及国家其他发展战略规划的不同。

在"十三五"规划中,制度创新是重中之重;而居于制度创新之首的,是政府管理经济、社会方式的创新,以形成稳定的制度环境,具体表现为政府深入推进"简政放权、放管结合、优化服务"的改革。这一阶段的报道集中于论证"十三五"规划如何"夺取全面建成小康社会的阶段胜利",并从"十三五"规划对社会经济发展的规划方式上分析了人民生活水平将如何得到提升和十八届五中全会提出的"创新、协调、绿色、开放、共享"五大发展理念⑨⑩。

除此之外,报道还就"十三五"规划中具体问题和关键亮点分别进行了盘点和深入分析:"十三五"规划促进交易制度改革和市场的双向开放;

---

① 人民网文章:http://ah.people.com.cn/n/2015/1110/c358349 – 27065762.html
② 人民网文章:http://js.people.com.cn/n/2015/1112/c360300 – 27078802.html
③ 人民网文章:http://he.people.com.cn/n/2015/1113/c192235 – 27087926.html
④ 人民网文章:http://sx.people.com.cn/n/2015/1113/c189132 – 27090861.html
⑤ 人民网文章:http://xz.people.com.cn/n/2015/1113/c138901 – 27091228.html
⑥ 上海政务文章:http://www.shanghai.gov.cn/nw2/nw2314/nw2315/nw4411/u21aw1077176.html
⑦ 中国新闻网文章:http://www.wj001.com/news/cjzq/2015 – 11 – 14/1013971.html
⑧ 中青网文章:http://news.youth.cn/jsxw/201511/t20151104_7275890.htm
⑨ 环球网文章:http://finance.people.com.cn/n/2015/1103/c1004 – 27772891.html
⑩ 中国证券报文章:http://finance.huanqiu.com/roll/2015 – 11/7914890.html

产业将借此机会得到极大发展，部分上市公司获政府支持，加速布局信息经济；银行业迎来发展契机，在普惠金融和绿色信贷等方面获得了发展的活力和动力；受"绿色经济"概念的影响，专家预期环保产业将在未来相当长的时间内迎来发展契机①②③④。

（2）国内财经媒体的报道。

相较于上述国内主流媒体，专业财经媒体对"十三五"的报道无论从内容还是形式都更加多元，不局限于"十三五"规划的内容本身，还发散式地进行了大量深入的分析与对比。在报道内容呈现上，财经媒体特别注意将"十三五"规划的信息与国内外政治、经济、社会的现实背景相联系，予以阐释，因此并没有出现很多关于"十三五"的专门性报道，多"小而精"，少"大而全"。专业财经媒体在"十三五"出台初期的报道中，只有少部分集中于内容描述，其他大多数报道在信息传播初期就开始分析和评论其影响与意义。另外，这类媒体在经济传播过程中，也比较注意引用较多的国外媒体报道和评价⑤。

除内容的罗列和介绍之外，很多专业财经媒体较早地对"十三五"规划从不同视角进行了关注，并邀请专家学者对"十三五"规划的影响和中国经济发展进行预测，比如对未来中国经济增速的预期；分析"十三五"规划中八个"慢变量"，即中国经济规模、人口老龄化、农民工子女教育问题、中等收入陷阱等不易察觉的潜在问题；解读"十三五"规划释放的重要信号，比如提出了系统的改革方法论、中国对当前局势的判断更加聚焦于自身、经济发展更关注供给端优化等⑥⑦。

---

① 搜狐新闻文章：http：//money. 163. com/15/1107/02/B7PKJBE400253B0H. html
② 证券时报文章：http：//kuaixun. stcn. com/2015/1108/12470918. shtml
③ 搜狐新闻文章：http：//www. e-robots. cn/industryfocus/d1535. html
④ 人民网文章：http：//legal. people. com. cn/n/2015/1105/c188502－27778453. html
⑤ 财新网文章：http：//international. caixin. com/2015－10－30/100868554. html
⑥ 财新网文章：http：//economy. caixin. com/2015－10－30/100868338. html
⑦ 财新网文章：http：//economy. caixin. com/2015－11－04/100870192. html？utm＿source＝xueqiu&utm_medium＝PCweb&utm_campaign＝HeZuo

　　还有大量报道聚焦于"十三五"规划中的各个方面和细分行业，着重对具体行业及其带来的影响进行分析和预测①②③④。如，"十三五"规划中能源发展规划对经济发展的影响、"十三五"为人民币国际化带来了机遇和挑战、电信业进一步深化改革的方向、新的金融监管框架等等⑤⑥⑦。不少报道采用了专家解读和专访的形式对一些门槛较高（如金融）的领域进行分析、预测。这些报道中还涉及了一些之前报道中未涉足的话题，如"十三五"对新三板的影响、对人民币国际化的影响等等⑧⑨⑩⑪⑫⑬。

　　也有一部分专业财经媒体（如财新网）使用了多媒体可视化的报道方式进行了词频统计、关键词盘点等报道，以更加贴近受众、易于理解的方式分析了"十三五"规划的影响和意义。⑭⑮

　　（3）微博中的"十三五"。

　　以新浪微博为例，就"十三五"进行关键词搜索发现，"十三五神曲"转发量最多。据微博搜索结果显示，截至2015年11月9日，"央视综艺"的神曲转发（短时间内的转发）量达2660多次。可见，轻松有趣、易于理解、表达方式多元化的信息更容易受到关注，用户纷纷转发、评论，总体呈赞同趋势，也有部分网友表示完全被洗脑。

---

① 财新网文章：http：//weekly. caixin. com/2015 – 11 – 13/100873673. html
② 财新网文章：http：//opinion. caixin. com/2015 – 11 – 12/100873195. html
③ 财新网文章：http：//finance. caixin. com/2015 – 11 – 11/100872980. html
④ 财新网文章：http：//opinion. caixin. com/2015 – 11 – 09/100871813. html
⑤ 财新网文章：http：//finance. caixin. com/2015 – 11 – 05/100870251. html
⑥ 财新网文章：http：//international. caixin. com/2015 – 11 – 02/100869210. html
⑦ 财新网文章：http：//opinion. caixin. com/2015 – 11 – 02/100869136. html
⑧ 财新网文章：http：//opinion. caixin. com/2015 – 11 – 08/100871757. html
⑨ 财新网文章：http：//opinion. caixin. com/2015 – 11 – 12/100873190. html
⑩ 财新网文章：http：//weekly. caixin. com/2015 – 11 – 13/100873571. html
⑪ 财新网文章：http：//special. caixin. com/2015 – 11 – 13/100873718. html
⑫ 网易财经文章：http：//money. 163. com/15/1110/08/B822APE000252G50. html
⑬ 网易财经文章：http：//money. 163. com/15/1111/02/B83UA1SO000253B0H. html
⑭ 财新网文章：http：//china. caixin. com/2015 – 10 – 29/100868032. html
⑮ 财新网文章：http：//topics. caixin. com/2015 – 11 – 05/100870702. html

在媒介发展的新时期，政府的宣传方式日趋多样化也更具针对性，同时受众的媒介素养也日益成熟，从而能够更自主更理智地认知官方的宣传内容。神曲能够带动大家跟风式的关注，说明社交媒体在带动受众关注方面具备天然优势，但如何就"十三五"规划展开理性深刻的讨论，也是媒体和宣传工作者应该进一步思考的。

"十三五"规划在新浪微博的一般观瞻主要表现在：对金融市场的趋势带动，对实体经济领域如钢铁、农业、教育、旅游的影响，以及"十三五"对国计民生其他诸多方面的影响。这些内容覆盖全面，议题严肃，基本上是对媒体报道的"搬运"，属于社交媒体的原创内容甚少，微博用户也是互动寥寥。但值得注意的是，A股市场因"十三五"规划的出台而上涨预期明显，用户在该话题下的讨论，相较其他宏观严肃的话题，也是最多的。

诸多国内外主流财经媒体也在新浪微博平台展开讨论。通过对财经媒体以及专业财经分析人士的微博留言进行分析，可以获知微博用户的主要关注点。

各个省市就"十三五"规划对地方改造的推动，因与当地的实际生活密切关联，也受到较大关注；规划的宏观方向受到普遍认可，但对规划实际落实到地方层面，一些舆论表示了怀疑；关于《人民日报》、央视新闻对"十三五"规划的要点解读，舆论在制度认同的前提下，更加注重生活实际的改善环节。

以上代表了"十三五"规划在微博等新媒体平台（更多草根受众的聚集地）的部分舆论反馈。可以看到，虽然神曲的娱乐化短期内收到了良好的效果，但这一事关国家未来五年发展动向的重要规划，并未受到舆论持续有力地关注。其次，受众的解读是以实际生活为参照点的，虽然民众与政府对于"改革势在必行"达成了共识，但是，在后续的报道宣传中还需要用创新的手段与受众持续互动，方能形成长久的舆论引导效果。

## 2. 国外媒体对于"十三五"规划的报道及解读

（1）国外综合性媒体的财经板块。

"十三五"规划出台后，国外主要综合性媒体的财经报道主要集中在以下五方面：

①客观叙述和解读"十三五"规划中的重要目标。

如《南华早报》（South China Morning Post）11 月 3 日发表题为 *How the next five-year plan will change China：blueprint for nation's development explained*①，该文章从经济、意识形态、国防、环境、教育、农村发展等十余个方面解读"十三五"规划的目标。

②分析"十三五"规划提出的背景即中国经济发展进入"新常态"和经济步入改革，并关注中国下调 GDP 增长率。

路透社（Reuters）11 月 3 日发表题为 *China's Xi says annual growth of about 7 percent possible over next five years*② 的报道，文章提到，中国目前处于经济增长放缓的"新常态"，同时这个世界第二大经济体也处于向可持续和消费导向型经济转型的阶段。报道以新华社消息为主要信源，引用习近平总书记的说法：7% 的增长目标可以达到，但存在不确定因素。

③肯定"十三五"规划对中国未来发展的积极影响。

如《南华早报》11 月 4 日发表题为 *Better，faster，stronger：China's new ambitious five-year plan aims to make the nation more efficient*③ 的文章，对"十三五"规划的重点政策目标进行解读，并且称"十三五"规划将促进中国经济向更具创新性的方向发展。

④对"十三五"规划的实现表示担忧和质疑。

如 BBC 在 10 月 30 日发表的题为 *Taking stock of China's five year economic*

---

① 南华早报文章：http：//www. scmp. com/news/china/policies-politics/article/1875271/snapshot-chinas-next-five-year-plan

② 路透社文章：http：//uk. reuters. com/article/2015/11/03/uk-china-economy-gdp-idUKKCN0SS0 PQ20151103

③ 南华早报文章：http：//www. scmp. com/news/china/policies-politics/article/1875480/chinas-new-five-year-plan-aims-make-nation-faster

*model*①，认为全面二胎和下调经济增长率是"十三五"规划中最重要的内容。文末引用中国专家的话，称中国经济转型将遇到的困难会超乎想象。再如《芝加哥论坛报》（Chicago Tribune）11 月 2 日发表题为 *China's GDP target doesn't help its economic policy*② 的文章，认为中国是半市场化的经济（*semicapitalist economy*），GDP 增长率不是官方能够控制的，应该转变衡量经济发展质量的指标，比如更加关注就业和社会保障性住房等问题。再如《纽约时报》（The New York Times）11 月 3 日发表题为 *China aims for 6.5% economic growth over next five years，Xi says*③ 的文章认为，中国下调经济增长率是为了打消人们对于经济增速反弹至两位数的预期，文章还对中国是否能够平稳过渡提出质疑。

⑤关注"十三五"规划对经济领域带来的影响。

路透社 11 月 3 日发表了题为 *China stocks rally，boosted by Xi's comments on economy*④ 的报道，称"十三五"规划将加速金融改革，对中国的股票市场带来影响。习主席对于中国经济的发展势头的评论重振了股票市场，当日沪深 300 指数上涨 2.9%，上证综合指数上涨 2.6%。

英国《每日电讯报》（The Daily Telegraph）11 月 4 日转载法新社（AFP）题为 *China stocks surge as government unveils new five-year plan*⑤ 的报道，认为"十三五"规划的细节发布，加上习马历史性会面，对股市而言都是利好消息，将会促进沪深两市股价上涨。路透社 11 月 9 日题为 *China's Xi calls for strengthening of reform and governance* 的报道指出习近平主席在中央财经领导小组会议上强调加强经济结构性改革和城市工作，这将是未来经济工作的重点。

---

① BBC 文章：http://www.bbc.com/news/blogs-china-blog-34674395

② 芝加哥论坛报文章：http://www.chicagotribune.com/news/sns-wp-blm-bg-editorial-china-7470607c-8162-11e5-8bd2-680fff868306-20151102-story.html

③ 纽约时报文章：http://www.nytimes.com/2015/11/04/world/asia/china-economic-growth-xi.html

④ 路透社文章：http://www.reuters.com/article/2015/11/04/china-stocks-midday-idUSL3N12Z21G20151104#v4kKdEwQ7r3xLty1.97

⑤ 每日电讯报文章：http://www.telegraph.co.uk/finance/recession/china-economic-slowdown/11974087/China-stocks-surge-as-government-unveils-new-five-year-plan.html

（2）国外专业财经媒体。

国外专业财经媒体对于"十三五"规划中的经济议题尤其重视，主要关注点有以下三方面：

①肯定"十三五"规划的重要性。

通过引述新华社和《人民日报》等国内主流媒体信源，国外部分财经媒体的报道对于"十三五"规划对中国和全球经济的影响力持肯定态度。如《华尔街日报》（The Wall Street Journal）10 月 29 日发表题为 China's Communist Party Approves Five - Year Plan, Economists will be watching to see whether it sets ambitious or moderate growth targets[1] 的报道，文章认为"十三五"规划提出的经济增长目标将会是未来五年中国的经济发展走向，数值低则表示中国将保持经济缓慢、稳定的增长，数值高则预示着政府倾向于实施经济刺激政策。

②质疑中国经济发展前景和"十三五"规划的效果。

在对"十三五"规划的报道中，有些媒体将中国经济数据采取的质疑态度延续到中国经济发展前景上。美国纳斯达克（NASDAQ）网站于 11 月 2 日发表题为 China's 13th Five Year Plan: Three Key Questions[2] 的文章，认为国际社会普遍质疑所谓的"中国（经济发展）奇迹"（China Miracle）是否还能延续到另一个五年。此外，《财富》（Fortune）杂志 10 月 30 日题为 China's new 5-year plan is about growth[3] 的文章称，很多经济学家认为中国经济的实际发展速度比官方说法更缓慢，而这种现实与目标的差距使中国的发展规划和经济政策在国际社会缺乏说服力。再如，《华尔街日报》11 月 4 日发表题为 How China's Best - Laid Plans Could Go Awry 的文章，认为中国在未来五年的重心将放在经济的平稳增长和改革，然而最近其市场表现及政府措

---

[1] 华尔街日报文章：http：//www. wsj. com/articles/chinas-communist-party-approves-five-year-plan-1446124597

[2] 纳斯达克网站文章：http：//www. nasdaq. com/article/chinas-13th-five-year-plan-three-key-questions-cm537626

[3] 财富杂志文章：http：//fortune. com/2015/10/30/chinas-new-5-year-plan-is-about-growth/

施显示，决策并不一贯正确。

③强调"十三五"不仅聚焦经济，更是综合性的发展规划。

《经济学人》（The Economist）于 10 月 26 日发表题为 *The Economist explains Why China's five-year plans are so important*[1] 的文章，指出，"十三五"规划不仅关注经济，还将环境保护、医保制度等内容纳入议程，虽然不像新中国成立初期那样具有浓烈的强制性色彩，但仍会给中国社会带来深远影响。《金融时报》（Financial Times）10 月 26 日发表题为 *What to expect from China's party plenum*[2] 的文章，对"十三五"规划的关注内容和可能带来的影响进行了分析。文章提到，环境问题是该规划的焦点之一。再如，《金融时报》11 月 5 日发表题为 *China seeks quantum leap to a new economic model* 的报道，指出中国将创新放在"十三五"规划的中心位置，并分析了中国目前的行业创新中存在的问题。

（3）国外新媒体网站。

国外新媒体网站对于"十三五"规划的报道主要集中在以下四方面：

①客观解读"十三五"规划。

如 Market Watch 网站于 11 月 3 日发表的文章 *China growth should be 6. 5% over next 5 years：Xi*[3]，称"十三五"规划将下调经济增速目标，并于 2020 年实现 GDP 总量和人均 GDP 比 2010 年翻两番的目标，此外，Market Watch 还解读了"十三五"规划中的其他经济目标。

②对"十三五"规划对中国未来发展的影响做出较高评价。

如 Business Insider 在 10 月 18 日发表题为 *China is making a new 5 - Year Plan—and it'll decide the fate of the global economy*[4] 的文章，认为"十三五"

---

[1] 经济学人文章：http：//www. economist. com/blogs/economist-explains/2015/10/economist-explains-24

[2] FT 文章：http：//www. ft. com/intl/cms/s/0/ec1d9f5c－7b9c－11e5－a1fe－567b37f80b64. html

[3] Market Watch 文章：http：//www. marketwatch. com/story/china-growth-should-be-65-over-next-5-years-xi-2015－11－03

[4] Business Insider 文章：http：//uk. businessinsider. com/china-5-year-plan-global-gdp-recession-2015－10

规划为中国未来五年的发展定下基调，同时对全球经济也有重要影响。

③对中国未来的发展模式是否能够成功转型提出质疑。

如赫芬顿邮报（Huffington Post）于11月5日发表题为 *China's new five-year plan embraces the Third Industrial Revolution*[①]，引述李克强总理的讲话，表示中国将在未来五年内由追求"量"的发展模式转变为追求"质"的发展模式，也意味着从第二次工业革命向第三次工业革命的转变，而创新是转变的核心。创新需要互联网，而净化互联网与信息流动之间的矛盾如何解决将制约着中国创新的发展。

④对于"十三五"神曲的关注。

如 Quartz 于10月27日发表文章 *China's craziest English-language propaganda videos are made by one mysterious studio*[②]，称听完这首"神曲"，即使不懂中文，也会被 shisanwu 这个词"洗脑"。文章调查了"神曲"的制作单位——复兴之路制作室，并盘点了这个"党媒"（pro-Party）近年来出品的作品。文章虽然客观描述了"神曲"的制作过程，但用词颇有意味，如 propaganda，mysterious studio，crazies，state-or Party-backed production company，pro-Party 等，表明国外对于中国外宣方式的认可度尚待提高。

## （二）经济传播基本情况总结与分析

### 1. 基本面情况

对"十三五"规划的国内外舆情基本情况，按时间走向发展，可分为四个主要阶段，在每个阶段中，中外媒体报道从数量、报道角度、观点等方

---

① Huffington Post 文章：http：//www.huffingtonpost.com/nathan-gardels/china-third-industrial-revolution_b_8478954.html

② Quartz 文章：http：//qz.com/533850/chinas-craziest-english-language-propaganda-videos-are-made-by-one-mysterious-studio/

面都呈现出不同特点和倾向：

（1）舆论发展初期。

在"十三五"规划出台初期，中外媒体集中报道"十三五"规划的内容，媒体报道的方式和思路大多以介绍宣讲规划为主，邀请专家学者分析"十三五"规划中相应行业的发展机遇和亮点，报道基本相似，针对性较强，角度中立、态度客观，所以在舆论基本面上并未出现大的冲突与问题。

（2）舆论快速发展阶段。

第一轮全面报道后，中外媒体纷纷寻找第二落点。国内新媒体和外媒大多关注单独二孩政策，国内主流媒体、财经媒体关注的重点在 GDP 总值翻一番，国外专业财经媒体网站的关注重点在 GDP 增长率预期下降等。此阶段的报道数量大幅增长，特点在于不同媒体的关注点开始分化，角度相对中立，态度相对客观。

（3）舆论持续发酵阶段。

在第二落点的基础上，各类媒体的文章倾向于讨论"十三五"规划对未来中国经济社会带来的影响。在此阶段，"十三五"规划的舆论热情继续发酵，国内主流媒体报道倾向于预期"十三五"规划对未来五年中国经济发展带来的积极影响，国外财经媒体则关注"十三五"规划对中国股市及其他行业的影响，以及下调 GDP 预期对中国未来经济的影响。此阶段的报道数量达到顶峰，各媒体的态度较为鲜明，角度各异。

（4）舆论热情减退阶段。

在"十三五"规划出台几天后，舆论热度逐渐减退。在此阶段，中外媒体开始对更细致的领域，如能源、旅游、农业等行业进行深入分析，预期"十三五"规划的某项具体措施会对某具体领域带来的影响，倾向于采用专家访谈等方式获取更专业、更深入的信息。国内社交媒体和国外新媒体网站的舆论热情也不断减退，报道数量不断减少，直至归于休眠期的常态。

## 2. 分析与总结

分析国内外媒体对"十三五"规划的报道以及舆论传播基本面情况，

可作出如下总结：

首先，"十三五"规划具有特殊性与重要性。"十三五"规划是习近平总书记主政以来的第一个五年计划。中国已成为世界第二大经济体，但从 2015 年下半年以来，中国经济发展进入新常态，经济增速放缓，处于三期叠加阶段，经济改革、结构调整迫在眉睫。在这个特殊时期，中国能否转型成功、继续保持中高速发展，成为中外媒体关注的主要问题。因此，与以往的五年规划相比，"十三五"规划更具特殊性，其所规划的未来五年的中国发展道路更加引起关注。

其次，应辩证地看待国外媒体对中国经济发展的质疑。一方面，国内报道反复强调政府对经济发展有"信心"，而外媒更关注信心从何而来，是否有切实的根据和保障，对于这方面的情况，国内媒体应给出足够的解释和论证。但事实上，目前可供外媒引用的信息还比较有限、报道方向较分散，因而出现不少外媒质疑中国"十三五"规划有效性的文章。另一方面，由于媒体本身扮演舆论监督者的角色，常持有质疑的视角，并且外媒对于中国经济常采取批评、谨慎的态度，因此政府方面虽然不能无动于衷，但也无须过度反应，应保持足够的自信。

再者，在报道内容和方式上，国内主流媒体与财经媒体有较大不同。财经媒体的报道更侧重于专业经济领域，因而报道更具有针对性，牵涉到较多经济数字，且拥有较为市场化的多媒体团队，更容易以多数据可视化的方式呈现；而主流媒体则大多从社会政治的角度出发，全面分析"十三五"规划对宏观经济、政治、社会带来的影响，多以论述形式报道为主。

最后，在舆论后期，国内媒体的报道主要集中在"十三五"规划对各具体行业的影响，并将"十三五"规划与普通民众的生活联系起来。在这一阶段，主流媒体可以进行更有针对性的引导，增加一些分析解读类报道，并邀请不同行业的专家对一些普通受众较难理解的议题进行深入分析。同时，在报道方式上辅之以多媒体及可视化技术，使受众更生动地理解"十三五"规划对国家、社会及个人带来的影响，同时也以历史的、系统的视角看待"十三五"规划以及国家经济发展的总体前景。

## （三）经济传播的相关建议

中国进入深化改革的攻坚阶段，发展过程中所产生的问题纷至沓来。加强反腐败工作、深化国企改革和实现资产证券化势在必行，金融市场监管亟待完善、人民币国际化"牵一发动全身"，全球及区域贸易的话语博弈和市场竞争日趋激烈，这些议题在一段时间内主导了国内外媒体对中国政治经济生活的话语认知（尽管很多境外媒体对我国统计部门发布的经济数据具有批判性认识，但对于经济发展的基本面还是能够形成共识）。在"十三五"期间，这些议题仍然会受到普遍且持续的关注。因此，"十三五"规划不仅担纲中国五年经济发展总蓝图之任，还为国内外社会了解中国的改革开放进程提供了重要的认知框架。为此，研究提出对"十三五"相关议题的以下传播建议：

（1）在对内报道中，主流媒体应在注重报道全面性的同时，兼顾报道的针对性，使其更贴近民众，从而引起关注和共鸣。在呈现方式方面，主流媒体应不仅局限于论述的方式，而是结合报道内容的特点，在报道手段上增加多媒体、可视化的元素，使报道更加生动，易于受众理解。专业财经媒体在报道细节的同时，也应兼顾宏观的视角；先把握大局，再深入分析具体细节，让受众对议题有更立体、深刻的理解。在呈现细节的同时，不忘指引方向，方能达到更好的报道效果。

（2）"质疑中国"往往是国外媒体安全的战略选择，这对我们的对外报道提出了挑战。因此，在对外报道中应注意加大对"十三五"规划具体内容的解读力度，对规划目标进行分析，提出可靠的数据论证，从而有效地进行对外传播，减少外媒质疑的声音。在对外报道中，运用多元方式进行外宣工作也要有总体布局。虽然"十三五"歌曲等创新方式，以轻松的口吻将政治话题娱乐化，可以引发受众兴趣，但是，要使海外受众对"十三五"

规划有更深入、全面与客观的了解与认识，还必须有长效的报道与宣传机制，能够持续不断地应用网络、社交媒体等平台，将关于中国"十三五"建设与发展的情况真实、鲜活地传递给海外受众。

（3）随着"十三五"规划的推进与实施，在经济领域中会出现更多热点议题，需要我们在深入了解规划精神的基础上，结合规划的内容来组织好报道工作，形成以"十三五"规划为带动的，逻辑清晰、体系完整的传播思路。同时，我们也需要及时捕捉与"十三五"规划相关的经济热点和重要信息，找准报道中的着力点，预估传播中有可能存在的舆情纠结点与舆论引爆点，通过研究分析论证来提供思路，有效地进行舆论引导、化解矛盾、凝聚共识，为"十三五"规划的顺利实施保驾护航。

# 二、"一带一路"倡议的报道分析与传播建议

## （一）研究背景

"一带一路"倡议是中国重要的国家级顶层战略，是"丝绸之路经济带"和"21世纪海上丝绸之路"的简称。"一带一路"充分依靠中国与有关国家既有的双多边机制，借助既有的、行之有效的区域合作平台，构建中国经济社会发展的国际合作体系。

2013年9月和10月，习近平在出访中亚和东南亚国家期间，先后提出共建"丝绸之路经济带"和"21世纪海上丝绸之路"的重大倡议，得到国际社会高度关注。"一带一路"成为中国发展的关键词，也是中国与周边、沿线国家共同合作创新、交流融合、互利共惠的核心词。

2015年3月，国家发展改革委、外交部、商务部联合发布《推动共建丝绸之路经济带和21世纪海上丝绸之路的愿景与行动》，提出：发挥新疆独特的区位优势和向西开放重要窗口作用，深化与中亚、南亚、西亚等国家交流合作，形成丝绸之路经济带上重要的交通枢纽、商贸物流和文化科教中心，打造丝绸之路经济带核心区。

"一带一路"的战略推进可分为四个主要阶段：第一阶段从2013年的

上半年开始，是提出设想和明确概念的前期阶段。第二阶段从 2013 年年末
开始，是制定规划与建立机构的中期阶段。第三阶段从 2014 年年末开始，
是推出规划与开始实施的实质性阶段。其中，由于 2015 年到 2016 年上半年
集中了许多关于"一带一路"规划实施的重要决策与标志性事件，因而引
发了大量的报道。为此，本研究聚焦 2015 年 1 月 1 日至 2016 年 5 月 1 日之
间的窗口期，对媒体的相关报道进行了梳理与分析。

## （二）传播基本面情况

关于这一阶段"一带一路"的报道与信息传播的基本情况可以通过检
索和分析 2015 年 1 月 1 日以来的媒体报道来获取。以百度搜索引擎的全网
搜索结果来看，关于这一议题的报道趋势呈现如表 2 - 1 所示（以"一带一
路"为关键词）。

表 2 - 1　　　　　　　　关于"一带一路"议题的报道数量

| 2015 年 | 1 月 | 2 月 | 3 月 | 4 月 | 5 月 | 6 月 |
|---------|------|------|------|------|------|------|
| 文章数量 | 1.06 万 | 1.08 万 | 1.09 万 | 1.08 万 | 1.09 万 | 1.09 万 |
| 2015 年 | 7 月 | 8 月 | 9 月 | 10 月 | 11 月 | 12 月 |
| 文章数量 | 1.10 万 | 1.08 万 | 1.15 万 | 1.17 万 | 1.15 万 | 1.17 万 |
| 2016 年 | 1 月 | 2 月 | 3 月 | 4 月 | | |
| 文章数量 | 1.17 万 | 1.16 万 | 1.21 万 | 2.00 万 | | |

从表 2 - 1 可以看出，2016 年以后，关于"一带一路"话题的报道显著
增多，这一议题的热度不断提升。

有关国内媒体的舆论情况则可以通过百度指数进行分析。下图显示了
2015 年 7 月 1 日至 2016 年 4 月 30 日之间百度新闻收录的相关文章的数量整
体曲线。

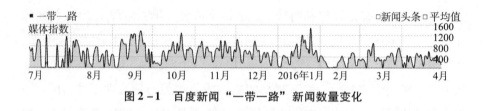

图 2-1　百度新闻 "一带一路" 新闻数量变化

通过按月观察峰值密度可以看到，在 2015 年期间，每月报道出现峰值的次数较多，说明在当年，"一带一路" 话题还是一个突发性事件，报道数量的波动较大；而进入 2016 年，特别是 2 月以来，"一带一路" 话题的报道次数的峰值明显减少，进入了规范化和日常化的模式。

### 1. 国内舆情

国内对于 "一带一路" 的舆论信息可以通过百度搜索引擎的检索结果来获取。研究将国内对于 "一带一路" 的声音分为三大类：政府官方声音、媒体声音以及受众个体声音。这也符合互联网时代的一般性传播规律：信源——媒体——受众。其中，在对政府声音的检索中我们使用了百度高级检索功能，将检索的域名限定为 . gov. cn，这是政府网站的通用域名；同时键入关键词 "一带一路"，然后通过人工筛选进行分析。

对于媒体的声音可以使用百度新闻进行检索。从百度新闻入口键入关键词 "一带一路"，内容分析选择的检索时间为 2015 年 7 月 1 日至 2016 年 4 月 30 日。检索结果按焦点顺序排列，可以将新闻按照百度搜索引擎按照传播效果从好到差进行排序。为了排除并没有产生传播效果的新闻，研究选取了检索结果的前五页，每页 20 条新闻，共 100 条作为分析的样本。

受众个体声音选取主要通过微博检索。使用微博高级搜索，键入关键词 "一带一路"，将搜索范围设定在 2015 年 7 月 1 日至 2016 年 4 月 30 日，限定内容为 "精选"。检索出的结果按照新浪自动计算出的热点从高到低顺序排列。为了排除并没有产生传播效果的微博，研究选取了检索结果的前五页，每页 20 条微博，共 100 条作为分析的样本。

（1）政府声音。

这一期间，政府门户网站共发布"一带一路"相关文章 1758 篇①，其中最主要的内容是政府相关文件的通知及官方媒体的新闻摘要。

国务院新闻办公室开设了"一带一路"专题②，分为高层言论、最新动态、丝路专访、经贸合作、文化交流、各方关注、丝路展厅、丝路记行等八个栏目。在各方声音栏目内共转载了全网包括《人民日报》《光明日报》人民网等官方媒体的 388 篇相关文章，分别从时事报道、概念解读、落实情况、专家学者专访、外国人专访五个方面对"一带一路"进行了全面的介绍。各级地方政府的政务公开网站及部分中央政府办公网上也对"一带一路"的相关话题进行了转载。

（2）媒体声音。

①主流媒体。研究将检索的新闻源设定为人民网、新华网、中新网等主流媒体。研究发现，主流媒体对于"一带一路"的报道主要集中在消息及通讯上，而对于更加深度的探讨则相对较少。同时，此类消息及通讯大多是介绍国家领导人的出访情况、各类会议的报道、各类协议的签署情况等，基层的情况报道则较少。

《人民日报》和人民网是重要的主流媒体平台，在 2015 年全年，这两个平台的报道情况如下表所示：

表 2-2　《人民日报》和人民网 2015 年对"一带一路"的报道情况

| 分类 | 消息 | 通讯 | 深度报道 | 新闻公报 |
| --- | --- | --- | --- | --- |
| 《人民日报》 | 2 | 4 | 9 | 1 |
| | 12.5% | 25% | 56.3% | 6.3% |
| 人民网 | 37 | 58 | 26 | 3 |
| | 29.1% | 45.7% | 20.5% | 2.4% |

---

① 中央政府网站：http：//www.gov.cn

② 国务院新闻办公室文章：http：//www.scio.gov.cn/ztk/wh/slxy/index.html

可以看出，网络媒体中的报道更加频繁，其中，消息类的网络媒体报道占29.1%，而通讯类占45.7%，远高于同类型的报纸刊载数量。而在深度报道和新闻公报方面，网络媒体报道分别占20.5%和2.4%，低于报纸的56.3%和6.3%，这说明在深度挖掘新闻价值时，传统媒体仍然更加占据优势。

《人民日报》篇幅数量最多的是长篇报道（2000字以上），而人民网则充分运用了网络的特征，绝大多数是配以图片的文字新闻并选择500～1500字的中等篇幅报道，这更能满足读者的需求，尤其符合年青受众的阅读习惯，也符合互联网时代浅的阅读节奏。

②市场化媒体。市场化媒体方面，主要的新闻都由门户网站转载，而发布原创新闻的网站大都集中在各大媒体的财经频道。门户网站最主要的报道形式是滚动消息，信息涵盖面广，这些消息可以大体分为以下几类：

第一，国家领导人的会议及出访情况，如《习近平：让"一带一路"建设推动各国共同发展》①。

第二，中外官方合作情况的通报，如《欧中"一带一路"文化旅游委员会在布鲁塞尔揭牌》②。

第三，中外民间合作情况的通报，如《足球——"一带一路"（北海）国际青少年足球邀请赛开赛》③。

同时可以看到，转载量较高的文章大多来自凤凰网、腾讯新闻、网易新闻等主要的门户网站。

在这些转载文章中，转载量大的大多都是深度报道及相关专访，而对于消息的关注度则较少。例如《"一带一路"是促进国际经济整合的重要一步——专访波兰外长维托尔德·瓦什奇科夫斯基》④、《博彩一业独大遭挫

---

① 新华社文章：http：//news. qq. com/a/20160430/028801. htm
② 中青在线文章：http：//news. 163. com/16/0430/05/BLSHHTHH00014AED. html
③ 新华网文章：http：//news. xinhuanet. com/sports/2016 – 04/30/c_8947226. htm
④ 中国新闻周刊文章：http：//news. 163. com/16/0430/18/BLU0E0OR00014AEE. html

澳门首个五年规划盯紧一带一路》① 这样的深度报道或专访都获得了较好的传播效果。

③受众声音。微博中能够形成影响力的言论大都集中在微博大 V 或媒体微博中。关于"一带一路"的精选微博中，大公报微博、中国之声、《环球时报》《中国日报》、中央财经等媒体微博所代表的立场具有较大的影响力。

从态度立场来看，在转载量和点赞量较高的微博（检索结果的第一页）中，比如大 V@中科大胡不归转载了界面新闻的分析文章《吴建民："一带一路"应抛弃中国利益最大化的立场》②，微博评论中不少用户持相对负面的态度。

微博@光远看经济发表"过去 24 个月里，我们把美利坚曾经奏效的救世良方体验了一遍：（1）凯恩斯主义的政府刺激需求；（2）马歇尔计划的一带一路；（3）克林顿的互联网加万众创新；（4）弗里德曼的货币供给理论；（5）里根的供给侧改革，还有熔断制；最后又回到我们熟悉的房地产拉动经济上，也表达了对于"一带一路"话题的不了解和负面看法。

因而从中可以看出，社交媒体场域中的受众言论对于"一带一路"的看法还有不少偏于负面，这和民众对于"一带一路"了解缺乏以及个别不当言论对于舆论的影响是分不开的。特别是后者，根据沉默的螺旋理论，网络舆论往往在倾向性形成后会不断加深，从而导致一边倒的舆论现象。

### 2. 国外舆情

国外媒体对"一带一路"话题关注的视角和态度与国内媒体相比有较大差别。综合来看，外媒关注"一带一路"时更加热衷于对其涉及的大国关系进行分析，倾向论及中国的战略意图以及与其他国家的博弈过程，更善

---

① 新浪财经文章：http：//finance. sina. com. cn/china/dfjj/2016 - 04 - 30/doc - ifxrtzte9841983. shtml

② 界面文章：http：//m. jiemian. com/article/618743. html？ from = groupmessage&isappinstalled =0

于巧妙地制造话题、进行评论，乃至引导舆论。不少外媒报道时会以"亚洲新秩序""亚洲权力""中国主导的可能性"之类的用词来吸引受众关注，引发讨论和思考。

路透社、彭博社和法新社的很多报道基于历史数据和已有观察做出了相对中性的判断和评述，中肯地提出了一些建议。而来自发展中国家的媒体则表现得更为积极，比如印度、印度尼西亚、哈萨克斯坦、阿根廷和巴基斯坦等国媒体都表达了支持中国的"一带一路"倡议，希望通过此次契机加强对外交流，将各方愿意紧密而可持续地联系起来寻求共同发展的意愿。其中印度报纸还专门使用了"我和《人民日报》的想法是一样"的说法，表现出发展中国家在"一带一路"倡议中与我国的利益诉求的一致性。

## （三）分析与建议

基于以上相关报道和舆情基本面情况，研究进行了以下分析、总结与建议：

首先，从政府信息传播的角度来看，关于"一带一路"倡议的传播效率和效果还有待提升，其中，持续性是一个特别需要被关注的问题。我们可以看到，在目前域名为 .gov. cn 的网站中，不少信息更新速度不佳，甚至许多都已停滞，需要对相关信息进行持续更新，并予以长期关注。

其次，"一带一路"涉及的国家和地区较多，覆盖的范围较广，受众（尤其是国外受众）对其内容、进程等各方面的情况还存在不少疑虑，需要我们组织深入浅出的报道，用国际化的声音，更好地对其进行解释、报道与宣传。

最后，不少国内媒体将报道重心放在概念解读和纲要陈列上，在论及"一带一路"为国内各省和沿线国家带来的有利之处时缺乏与民众生活的有效关联，这在一定程度上减少了受众对这一议题的兴趣，使得舆论缺乏自主自愿的导向，受众趋于碎片化和沉默化。

有鉴于此，研究提出对"一带一路"倡议进行持续报道与有效传播的建议：

第一，明晰政策细节。从信息发布的层面来看，应该更明确"一带一路"发展的具体目标、详细日程和建设的具体项目，公布切实的"一带一路"方案，以减少受众对于这一概念的模糊感，拉近这项重要的国家战略与普通民众之间的距离。

第二，完善政府信息。从政府官方信息发布和宣传的角度来看，政府网站信息发布的更新度需要进一步提升，以形成"一带一路"信息发布和宣传的日常更新与长期关注机制。

第三，全面系统报道。目前在一些涉及"一带一路"的报道中还存在一些误区，甚至出现地方政府将"一带一路"视为新一轮的资源争夺，从而带来报道定位偏差的问题。为此，应当注意报道的全面性，避免地区之间的信息不对称，系统全面地报道"一带一路"的情况。

第四，提高报道针对性。由于"一带一路"建设本身的复杂性，在实施过程中难免出现一些负面问题，比如地方欠款、基础设施建设问题、形形色色的环境污染等，这些会给"一带一路"的传播本身带来负面影响，需要我们在报道中有针对性地解释、疏导，引导受众正确理解"一带一路"建设的重要性和复杂性。

第五，充分利用互联网技术。从报道的手段和传播的渠道来看，我们在报道"一带一路"的过程中还应加强对新媒体网络技术的应用，坚持利用传统媒体报道的同时，加入数字化、互联网化和新媒体化的多元模式，从新颖的角度展开延伸，多维立体地调查、考察和研究，创新思路，打磨出耐读且深入的报道。

# 三、"供给侧结构性改革"议题的报道分析与传播建议

## （一）研究背景

"供给侧结构性改革"是我国目前宏观经济改革中的核心内容，是我国在供给侧结构与需求侧结构失衡的现实形势下采取的新的有效举措。2015年11月10日，习近平总书记在中央财经领导小组第十一次会议上第一次提出"供给侧结构性改革"，意味着中央经济治理思路的重大转变。"结构性改革"在2015年12月18日的中央经济工作会议公报中出现了15次，会议提出2016年是"供侧改"的攻坚年，"供侧改"的五大任务是：去产能、去库存、去杠杆、降成本、补短板。2016年1月27日，习近平总书记主持召开中央财经领导小组第十二次会议，研究"供给侧结构性改革"的方案。

2015年以来，国内外媒体围绕"供给侧结构性改革"议题展开了一系列的报道。以下就有关"供给侧结构性改革"的媒体报道与舆论传播特点进行了梳理与分析。

## （二）媒体报道基本面情况分析

在本研究中，我们以2015年11月至2016年4月为窗口期，具体收集

整理了这一期间国内外媒体对"供给侧结构性改革"议题的报道。研究发现不同媒体对该议题的报道既有相似之处，同时也存在很大差异。在研究中，研究将国内外媒体划分为：国内主流媒体、国内专业财经媒体、国外综合性媒体和国外专业财经媒体四大类，对各类媒体的报道基本面情况进行梳理。

### 1. 国内媒体

（1）主流媒体。

①概念解读。新华社在 2015 年 11 月 19 日和 11 月 24 日分别发表了文章《供给侧结构性改革释放新信号》[①] 和《刘世锦：供给侧改革并不是"三驾马车"替身》[②]。这两篇文章都结合中国经济现状，详细解读了"供给侧改革"的内涵及其目标重点。两篇报道都从经济学理论和中国经济实际状况的角度论证供给侧改革与投资、消费、出口"三驾马车"的关系，指出"这次强调供给侧是从经济运行的源头入手，从产业、企业角度观察、认识问题，更加突出长远的转型升级"（中国国际经济交流中心信息部副部长王军）。

《人民日报》在 2016 年 2 月 25 日发表了《人民要论：论供给侧结构性改革的理论基础》[③] 的文章，认为"供给侧结构性改革"应与西方的供给侧改革有所区别。3 月 29 日，《人民日报》理论版用一个整版刊登国务院发展研究中心、中国市场学会专家的文章，其中《正确理解供给侧结构性改革》[④] 的作者之一王一鸣是国务院发展研究中心副主任，《做到三个"搞清楚"推进供给侧结构性改革》[⑤] 的作者刘培林是国务院发展研究中心研究员，他们都强调在提高认识的前提下掌握推进供给侧结构性改革的科学方

---

① 新华社文章：http：//news. xinhuanet. com/mrdx/2015 – 11/19/c_134831303. htm
② 新华社文章：http：//www. js. xinhuanet. com/2015 – 11/25/c_1117262303. htm
③ 人民网文章：http：//opinion. people. com. cn/n1/2016/0225/c1003 – 28147804. html
④ 人民日报文章：http：//opinion. people. com. cn/n1/2016/0329/c1003 – 28233239. html
⑤ 人民日报文章：http：//finance. people. com. cn/n1/2016/0329/c1004 – 28234513. html

法。《"十三五"开局需关注的四个问题》① 的作者是中国市场学会会长卢中原，原国务院发展研究中心副主任，他以"协调好需求管理和供给侧结构性改革的关系"作为"十三五"开局需关注的四个问题之一来论述对供给侧结构性改革该如何认识。4 月 20 日《人民日报》发表《人民要论：澄清供给侧结构性改革的几个认识误区》② 的文章，再次强调"我国的供给侧结构性改革是从我国经济运行中的实际问题出发采取的看得见摸得着的改革措施，有利于经济更好发展，与其他国家不能简单类比。"

《中国日报》围绕"供给侧结构性改革"的议题发表了数十篇报道。报道重点在解读供给侧改革内涵，在多篇报道中都出现了供给侧改革和里根经济学、撒切尔主义的对比。例如：*Supply-side reform calls for new system*③ 指出，里根经济学与撒切尔主义通过减税、国有企业私有化改革及减少政府的市场干预实现成功的经济改革，而中国的供给侧改革绝非复制西方，而是从自身经济状况出发，通过全面、深刻的改革推动经济增长和创新发展。又如 *Demand grows for supply-side focus*④ 中对于供给侧改革的概念提出、改革重点进行了阐述。

②政策解读。2016 年 1 月 27 日，习近平主席主持召开中央财经领导小组第十二次会议，研究"供给侧结构性改革"的方案。新华社就此发表了两篇评论员文章，《把脉供给侧打好改革攻坚战》⑤ 一文强调了供给侧结构性改革的广度、深度和难度，"在全面建成小康社会的决胜阶段，供给侧结构性改革是一场革故鼎新的攻坚战，也是一场驰而不息的持久战"。《以供给侧结构性改革实现新跃升》⑥ 一文通过 2015 年的中国经济数据，指出我国经济结构优化升级的步伐正在加快，效果明显。强调去产能、去库存、去

---

① 人民日报文章：http：//leaders. people. com. cn/n1/2016/0329/c58278 – 28233561. html
② 人民日报文章：http：//opinion. people. com. cn/n1/2016/0420/c1003 – 28288893. html
③ 中国日报文章：http：//www. chinadaily. com. cn/business/2016 – 01/22/content_23206227. htm
④ 中国日报文章：http：//africa. chinadaily. com. cn/china/2016 – 01/20/content_23259563. htm
⑤ 新华社文章：http：//news. xinhuanet. com/politics/2016 – 01/28/c_128678543. htm
⑥ 新华社文章：http：//money. 163. com/16/0120/19/BDQ23PVC00253B0H. html

杠杆、降成本、补短板"五大重点任务"的重要性。

《人民日报》在 4 月 11 日发表文章《营改增给力供给侧改革》①，认为作为深化财税改革的"重头戏"，营改增具有谋一域而促全局的功效，也是推进供给侧结构性改革的重要举措。下好供给侧结构性改革这盘大棋，对推动经济持续健康发展至关重要。在 4 月 27 日发表的文章《化解过剩产能，别忘了改革》②，认为供给侧改革应该把配套的体制机制改革放在突出位置，在产能、库存上做"减法"的同时，更不忘在体制机制的改革上做"加法"。

《中国日报》的报道侧重点从概念解读转移到了政策解读，内容更为丰富。*Let market forces lead future reform*③ 指出供给侧改革的核心是使企业成为供给的主导力量，依据效率原则和投入产出原则进行生产活动；"*Supply-side up*"列出了两会提出的供给侧改革具体实施细节，包括劳动力资源的优化配置、户口政策改革、鼓励创新等。

（2）专业财经媒体。

①概念解读。《经济观察报》在 2016 年 4 月 3 日发表了一篇解释概念的文章《结构性改革的历史逻辑》④，认为"供给侧结构性改革"是一个新词语，但不是一个新事物，而是以往改革概念的拓展和延伸。"供给侧结构性改革"本质上是源于对中国经济现实的理性思考与战略决策，而并非专家学者解读的那样是"供给主义"在中国的政策应用。

财新网在 3 月 9 日采用特稿形式发表了采访斯蒂格利茨的《谈供给侧改革不应忘记总需求》一文⑤。斯蒂格利茨表示，对于中国的供给侧结构性改革，供给并不能够简单提升需求，而需求结构如果合理的话，是可以对供应侧产生积极的影响的；在没有充足需求的时候，供给侧的改革反而会增加失业，而不会促进增长。

---

① 人民日报文章：http：//politics. people. com. cn/n1/2016/0411/c1001 – 28264431. html
② 人民日报文章：http：//opinion. people. com. cn/n1/2016/0427/c1003 – 28306773. html
③ 中国日报文章：http：//www. chinadaily. com. cn/opinion/2016 – 03/06/content_23813612. htm
④ 经济观察报文章：http：//finance. sina. com. cn/roll/2016 – 04 – 03/doc-ifxqxqmf3914980. shtml
⑤ 财新网文章：http：//economy. caixin. com/2016 – 03 – 19/100922077. html

②政策解读。财新网在2016年2月发表了"供给侧结构性改革观察"①的6篇原创系列专栏文章，分别是：《释放生产要素活力》《消除金融供给抑制》《提高土地供应能力》《优化能源供给结》《中国为何缺好药新药》《用"链式改革"取代"点式改革"》，作者为中国国际经济交流中心特邀研究员范必。在这6篇供给侧结构性改革研究报告当中，第1至4篇讨论要素市场改革；第5篇以药品为代表讨论了消费品的供给侧改革；第6篇重点讨论改革方法论，推荐了全产业链市场化改革思路，建议以"链式改革"代替"点式改革"打破条块分割体制对供给侧改革的困扰。同期财新网另一个专栏作者黄少卿发表了《供给侧结构性改革重在重塑政商关系》，认为僵尸企业消耗了大量金融资源，中国政府提出宏观管理政策从长期要强调供给，要进行供给侧结构性改革。国务院国资委也表示，国企改革是供给侧改革中最需要攻坚的部分。

《第一财经》在2015年12月14日发表文章《把脉2016年经济走势新一轮增长需要结构性供给侧改革》②，这是对财经论坛的综述报道，引用多位与会专家观点。文章认为，中国经济面临的问题不仅是周期性问题，更是结构性问题；如果改革能够解决短期到中期产能过剩问题，解决房地产的问题，解决地方政府融资渠道的问题，中国经济增长未来的前景还是比较乐观的。

《经济观察报》发表了文章《供给侧改革带来哪些投资机会》③，从供侧改的五大关键词出发，介绍了在供侧改期间各个方面新增加的投资机会。另外，《供给侧改革：服务业为盾，工业为矛》④ 一文认为在工业产出保持中速平稳增长的情况下，经济结构才能渐进、平缓的调整。实际上，服务业发展能够保证就业和社会稳定，而工业转型升级能够推动人均产出和收入较

---

① 财新网专题：http：//opinion. caixin. com/2016 - 02 - 01/100905934. html
② 第一财经文章：http：//www. yicai. com/news/4725267. html
③ 经济观察报文章：http：//www. eeo. com. cn/2016/0306/283690. shtml
④ 经济观察报文章：http：//www. eeo. com. cn/2016/0219/283227. shtml

快增长，最终跨越"中等收入陷阱"。3 月 30 日的《诺奖得主皮萨里德斯支招中国供给侧改革》① 一文介绍了诺贝尔经济学奖得主克里斯托弗·皮萨里德斯（Christopher A. Pissarides）就中国供给侧改革、"中国制造 2025""一带一路"等热点问题提出的一些意见和建议。

③对中国经济转型的担忧。《21 世纪经济报道》在 2015 年 11 月 12 日发表文章《供给侧改革应着眼于规范"有形之手"》②，认为中国供侧改面临的形势比美国"滞胀"情况更为复杂，属于三期叠加阶段，即增长速度换挡期、结构调整阵痛期以及前期刺激政策消化期同时出现。因此，不仅要消化前期刺激出现的"后凯恩斯症状"，还要进行结构调整与产业升级，同时要提防增速换挡期间经济过快下滑。2016 年 3 月 10 日该报发表文章《坚定推进供给侧结构性改革》③，认为中国应正视投资、物价、就业等方面不利的经济形势，不应刺激楼市和制造新的风险。3 月 11 日该报又发表文章《寄望于供给侧结构性改革的成功》④，认为我国已经处于货币超发状态，通胀、泡沫可能与去产能去杠杆造成的冲击同时存在，增加了供给侧改革的难度与风险。

《经济观察报》在 4 月 2 日发表文章《盲目多元化与供给侧改革背道而驰》⑤，认为盲目多元化发展无法代替主业技术和产品升级的必经之路，这是企业发展迟早要还的账。

## 2. 国外媒体

（1）综合性媒体的财经板块。

①概念解读。路透社于 2016 年 1 月 6 日发表 *China's Xi says to strengthen*

---

① 经济观察报文章：http：//www. eeo. com. cn/2016/0330/284613. shtml

② 21 世纪经济报道文章：http：//epaper. 21jingji. com/html/2015 – 11/12/content_25594. htm

③ 21 世纪经济报道文章：http：//news. hexun. com/2016 – 03 – 10/182668384. html

④ 21 世纪经济报道文章：http：//m. 21jingji. com/article/20160311/2a0a9f3d6e129df1df276d50af5a0dd0. html

⑤ 经济观察报文章：http：//www. eeo. com. cn/2016/0402/284699. shtml

*supply-side structural reform*：*Xinhua*[①]一文，报道了习近平的新年讲话中提出的中国应该加强供给侧改革的重点，并介绍了习近平在讲话中提到的去库存、降成本的概念。

《华盛顿邮报》在 2016 年 1 月 11 日发表文章 *How China could trigger a global crisis*[②]，这是一篇长篇解释性报道。该报道详细分析了中国经济的风吹草动对世界经济会产生怎样的影响，以及为何会有这样的影响；并解释了中国经济面临的主要问题。文章指出中国供给侧改革正是在此背景下提出，旨在以市场的导向来规范政府的权力，减少政府对各生产要素的供给限制，淘汰落后产能。

雅虎财经发表了 *Understanding Supply-Side Economics*[③]一文，这篇报道引自投资百科（Investopedia）。该文详细介绍了供给侧改革的历史、手段和效果。其又被称为里根经济学，是通过减税、简政放权的方式并配合财政和货币措施来刺激经济的发展。

②政策解读。2016 年 3 月 6 日路透社发表的 *PBOC governor says monetary policy can aid supply side reform*：*Shanghai Securities News*[④] 文章指出供给侧改革是为了应对中国持续的经济发展的缓慢，认为供给侧的改革将比刺激需求更为有效。4 月 7 日路透社发表的 *China farm sector needs supply-side reform*：*agriculture minister*[⑤]一文详细介绍了中国农业产能过剩及粮食存储问题，认为在供侧改的背景下，不追求农业增产致力提高农业生产效率、促进机械化农业产业的发展成为未来农业工作的重点。

《南华早报》2015 年 12 月 8 日发表《中央经济工作会议今召开，供给

---

① 路透社文章：http：//news. webindia123. com/news/articles/World/20160106/2763352. html

② 华盛顿邮报文章：https：//www. washingtonpost. com/news/wonk/wp/2016/01/11/how-china-could-trigger-a-global-crisis/

③ 雅虎财经文章：http：//finance. yahoo. com/news/understanding-supply-side-economics-180000546. html

④ 路透社文章：http：//www. reuters. com/article/us-china-economy-cenbank-idUSKCN0W901B

⑤ 路透社文章：http：//www. reuters. com/article/us-china-agriculture-idUSKCN0W90GG

产能房市金融成焦点》<sup>①</sup> 一文，报道了本次中央经济会议有三大信号值得关注：一是对内平衡供需两端，二是对外推动"一带一路"，三是深化金融和房地产等热点领域的改革。此后，《南华早报》又在 12 月 14 日发表了评论性文章《当我们谈中国供给侧改革我们在谈些什么?》<sup>②</sup>，该文详细介绍了中国式供给经济学的相关概念，认为过去多年中国都在关注国内需求而忽视了对于供给侧的关注，指出对于中国经济现状而言，中国政府确实急需寻找到新的动力以应对传统增长引擎的崩塌。

雅虎财经发表了《李克强称要加强供给侧改革》<sup>③</sup> 一文，该文引述了李克强总理在两会政府工作报告中的内容，包括加强供给侧改革、提高供给体系的质量和效率、进一步激发市场活力和社会创造力等；与此同时，要推动简政放权，切实转变政府职能等。

③对中国经济转型的担忧。BBC 在 2016 年 2 月 17 日发表文章《透视中国：经济"供给侧改革"会成功吗?》，该报道认为中国的此次"供给侧改革"不会有太大作用，并从社会各界对此次"供给侧改革"的评论为出发点，详细阐述为何中国不会成功。3 月 16 日 BBC 发表文章 *China approves new five-year plan as Li reassures on economy*<sup>④</sup>，该报道反驳了李克强总理所说的此次改革不会带来经济硬着陆，并指责中国政府没有给媒体质疑"改革不会带来'硬着陆'"的机会。BBC 在 2015 年 12 月 22 日发表文章《分析：中国经济结构性改革面临的挑战》<sup>⑤</sup>，认为此次"供给侧改革"在中国经济

---

①　南华早报文章：http：//www. nanzao. com/sc/national/151b2b837269d42/zhong-yang-jing-ji-gong-zuo-hui-yi-jin-zhao-kai-gong-ji-chan-neng-fang-shi-jin-rong-cheng-jiao-dian

②　南华早报文章：http：//www. nanzao. com/sc/national/1519f4eefff9f03/dang-wo-men-tan-zhong-guo-gong-ji-ce-gai-ge-wo-men-zai-tan-xie-shen-me-

③　雅虎财经文章：https：//hk. finance. yahoo. com/news/% E6% 9D% 8E% E5% 85% 8B% E5% BC% B7% E7% A8% B1% E8% A6% 81% E5% 8A% A0% E5% BC% B7% E4% BE% 9B% E7% B5% A6% E5% 81% B4% E7% B5% 90% E6% A7% 8B% E6% 94% B9% E9% 9D% A9 – 020600626—finance. html

④　http：//www. bbc. com/news/world-asia-china-35818730

⑤　http：//www. bbc. com/zhongwen/simp/business/2015/12/151222_ana_china_central_economic_conference

持续下滑的背景下需要较长时间和耐心，并分析了中国此次"供给侧改革"面临的挑战，比如地方政府的执行力不够、官员素质不够高等。

路透社在 2016 年 3 月 14 日发表了 *China's supply-side slogan means different things to different people*[①]，指出"供给侧改革"在向基层推动时，遇到了解读上的多样化，甚至是偏差。不同省份、不同地区对于此概念的理解完全不同，例如：有些地方认为"供给侧改革"是提升企业产品的科技含量以期其可与进口产品媲美，有些地方认为要通过政府控制物价，更有地方借此指导本地企业进行连锁化经营。这样的不同理解就造成了"供给侧改革"在执行层面的不统一。

CNN 没有专门围绕"供给侧改革"发表文章，但在一篇涉及中国经济现状的报道中提到了该议题。*Economic slowdown：Does China know what it's doing?*[②] 对于中国经济现状进行了报道，认为中国政府没有出台有效的改革措施。文章认为，中国的"供给侧改革"与八十年代里根总统所采取的经济改革措施是否类似还不得而知，但其后果是可以预计的，比如"失业率上升、关闭更多煤矿等，可能会引起劳动力的不满"，此外还可能造成"产能过剩，国内经济衰退，会造成更多资金向海外流出"。

《南华早报》在 2016 年 2 月 24 日发表了《中国经济界顶级智囊们眼中，困局命门何在?》[③] 一文，该报道指出了中国经济界对于"供给侧改革"的质疑与担忧，对于中央是否有能力管理好中国经济和市场表示了怀疑，并且认为即便是在习近平支持的"供给侧改革"下，中国仍然会过分依赖政府。3 月 3 日《南华早报》刊登的《供给侧改革为信用债违约火上浇油，投资机构严防"踩雷"》[④]，对于中国"供给侧改革"的状况表示担忧，认为

---

① http：//www. reuters. com/article/us-china-economy-reform-idUSKCN0WF0ZL

② http：//www. cnn. com/2016/03/25/asia/china-economy-lu-stout/

③ http：//www. nanzao. com/sc/business/1530f0fe086489f/zhong-guo-jing-ji-jie-ding-ji-zhi-nang-men-yan-zhong-kun-ju-ming-men-he-zai-

④ http：//www. nanzao. com/sc/national/152a5fcc3fce376/gong-gei-ce-gai-ge-wei-xin-yong-zhai-wei-yue-huo-shang-jiao-you-tou-zi-ji-gou-yan-fang-cai-lei-

随着"供给侧改革"的推进，中国政府或停止给深陷债务泥潭的"僵尸"企业输血，债券投资者会面临更大的违约风险。为此，许多信用债投资机构已将"防踩雷"定为当期的首要任务。4月7日的《南华早报》发表了题为《中国经济重走借债投资老路，分析师忧心过高负债比》①的分析文章，该文援引瑞信中国研究主管 Vincent Chan 的观点，认为："我们必须留意本届领导层，他们创造了如此多的改革术语，从'李克强经济学'到'供给侧改革'，但在解决产能过剩和债务高企的问题上，效用有限。"表示了对"供给侧改革"的效果的质疑。

（2）专业财经媒体。

①概念解读。《华尔街日报》在 *Xi Jinping, Supply-Sider?*② 报道中介绍了中国因为经济增速放缓而采取"供给侧改革"的背景，并认为"供给侧改革"来自里根总统治理20世纪80年代美国经济滞涨而采取的措施。文章同时还具体介绍了中国经济转型可能会面临的挑战和风险。

FT 中文网在 2016 年 3 月 8 日发表《中国供给侧改革并非供给主义》一文③，将供给主义的历史渊源及中国的供给侧改革进行了详细的介绍。认为中国实施供给侧改革后，政府对于经济的干预将会减弱而不是供给主义者们倡导的由政府干预计划经济。3 月 10 日该网在《供给侧结构性改革应该改什么？》④ 中又指出供给侧结构性改革的理论依据是供给经济学，这次改革所带来的动态结果更令人期待。

Business Insider 在 2016 年 1 月 5 日发表题为 *Chinese President sounds like Ronald Reagan*⑤ 的文章，将中国的供给侧改革与里根的供给侧经济学相比较，指出中国的问题比较复杂，不仅面临通胀，还面临通缩。文章梳理了国

① http：//www. nanzao. com/sc/national/153ee21114c804f/zhong-guo-jingji-zhong-zou-jie-zhai-tou-zi-lao-lu-fen-xi-shi-you-xin-guo-gao-fu-zhai-bi

② http：//www. wsj. com/articles/xi-jinping-supply-sider-1452556372

③ FT 中文网文章：http：//www. ftchinese. com/story/001066499? weeklypop

④ FT 中文网：http：//www. ftchinese. com/story/001066554

⑤ Business Insider 文章：http：//www. businessinsider. com. au/china-supply-side-economics-2016 – 1

内媒体中对于供给侧改革的定义，但指出很多人仍然并不太明白这个术语的含义。文章还指出，中国现在面临的问题仍然是需求不足，但在"新常态"背景下，中国增速放缓，不能再通过几万亿的刺激计划解决需求。

②政策解读。FT 中文网在 2015 年 12 月 9 日发表《供给侧改革须避免三大误区》[①] 一文，指出了供给侧改革须避免的三大误区，分别是：不能把供给侧和结构性改革停留在概念和理论层面；不能让供给侧结构性改革回到计划经济或产业政策的老路上；不能把供给侧改革和需求管理对立起来。12 月 25 日 FT 中文网发表《供给侧改革需要重回实业》[②] 一文，指出当前中国经济面临的下行压力，表面上是需求不足，实则是经济发展带来需求改变后供给调整滞后。2016 年 3 月 15 日 FT 中文网在《供给侧改革重点在于培育新动能》[③] 一文中提出了供给侧改革应该重视新技术、新产业、新业态等新经济，发展新供给。3 月 30 日在《供给侧改革：不应低估的多边博弈困局》[④] 一文中认为，在新的经济政策下，政府和企业、中央和地方、政府与金融机构、政府和企业部门与居民部门、贸易部门与非贸易部门这几组关系之间的博弈将成为矛盾的焦点。

Business Insider 在 2015 年 11 月 29 日发表题为 *A critical shift is taking place in China—and it could have brutal consequences*[⑤] 的文章，主要讨论去产能的问题。文章援引兴业银行分析师的观点，指出中国的重工业产业需要去产能（capacity consolidation），去产能是解决资本配资不合理的关键，而该问题是影响中国经济最重要的压力。该文章还指出，供给侧改革是中国决策层的首要口号（No. 1 catchphrase），这标志着中国决策的重大转变。然而去产能并不容易，决策层可能会面临失业率增长的压力，但加速去产能的步伐

---

① FT 中文网：http：//www. ftchinese. com/story/001065175？ page = 1
② FT 中文网：http：//www. ftchinese. com/story/001065428？ page = 2
③ FT 中文网文章：http：//www. ftchinese. com/story/001066623？ page = 2
④ FT 中文网文章：http：//www. ftchinese. com/story/001066861
⑤ Business Insider 文章：http：//www. businessinsider. com. au/chinas-need-for-capacity-consolidation – 2015 – 11

则是中国经济向好的表现。3 月 8 日，Business Insider 发表一篇题为 China is
turning to Reaganomics to fix its economy① 的文章，再次将供给侧改革与里根
经济学相联系，指出中国有许多产能过剩的僵尸企业，去产能是关键的改革
步骤，但需要解决裁员的问题。

③对中国经济转型的担忧。《华尔街日报》发表了《中国央行专家暗示
货币政策空间有限应更倚重供给侧结构改革》② 一文，介绍中国目前的下行
压力加大的经济形势，同时引用了一些经济数据以及中国央行货币政策委员
会委员的观点：宽松的货币政策并不能改变目前疲弱的经济发展形势，供给
结构不能满足需求结构变化所带来的挑战。

## （三）报道趋势分析

在 2015 年至 2016 年的观测区间，国内主流媒体和国内专业财经媒体关
于"供给侧结构性改革"议题的报道呈现出在报道数量、报道时间、报道
内容用词、报道平台和技术等方面的诸多差异。以下从这四个角度对媒体报
道进行具体比较与分析。

### 1. 报道数量分析

（1）报道数量统计结果。

整体来看，针对"供给侧结构性改革"议题，就目前来看，主流媒体
就该议题的发稿量高于专业财经媒体。下表显示的是国内主流媒体和国内专
业财经媒体从 2015 年 11 月提出"供给侧结构性改革"以来，截至 2016 年
4 月 30 日的每月发稿数量统计。

---

① Business Insider 文章：http：//assets. businessinsider. com/china-using-reaganomics-to-fix-econo-
my - 2016 - 3

② http：//cn. wsj. com/gb/20151119/cec072446. asp

表 2-3 　　　　　　国内媒体每个月的发稿数量统计（所有文章）

| 类别 | 序号 | 媒体名称 | 11月首次提出 | 12月 | 1月 | 2月 | 3月两会 | 4月 | 总数截至4月30日 | 备注 |
|---|---|---|---|---|---|---|---|---|---|---|
| 国内综合性媒体 | 1 | 人民网 | 36 | 269 | 529 | 323 | 882 | 384 | 2423 | 百度新闻高级搜索功能检索 |
| | 2 | 新华网 | 113 | 372 | 592 | 460 | 1240 | 428 | 3205 | 百度新闻高级搜索功能检索 |
| | 3 | 中国日报 | 0 | 15 | 16 | 4 | 10 | 2 | 47 | China Daily 站内高级搜索 |
| | | 小计 | 149 | 656 | 1137 | 787 | 2132 | 814 | 5675 | |
| 国内专业财经媒体 | 4 | 财新网 | 11 | 20 | 19 | 14 | 17 | 11 | 92 | 财新网站内搜索功能 |
| | 5 | 第一财经 | 17 | 38 | 36 | 26 | 54 | 13 | 189 | 第一财经网站内搜索功能 |
| | 6 | 21世纪经济报道 | 25 | 66 | 25 | 26 | 23 | 4 | 169 | 百度高级搜索功能检索 |
| | 7 | 经济观察报 | 3 | 8 | 7 | 9 | 8 | 4 | 39 | 百度高级搜索功能检索 |
| | | 小计 | 56 | 132 | 87 | 75 | 102 | 32 | 397 | |
| 所有媒体 | | 合计 | 205 | 788 | 1224 | 862 | 2234 | 846 | 6072 | |

①观测的媒体包括：国内综合性媒体：新华社（新华网）、《人民日报》（人民网）、《中国日报》（China Daily）。

国内专业财经媒体：财新网、《21世纪经济报道》、《经济观察报》、第一财经。

②稿件的筛选的基本必要条件为：新闻标题中包含"供给侧"关键字，新闻内容与中国"供给侧结构性改革"议题相关。

③表中显示的是符合条件的所有文章检索结果（即：包括转载）。

下表显示的是符合条件的原创文章检索结果（即：不含转载）。

表2-4　　　　　国内媒体每个月的发稿数量统计（原创文章）

| 类别 | 序号 | 媒体名称 | 11月首次提出 | 12月 | 1月 | 2月 | 3月两会 | 4月 | 总数截至4月30日 | 备注 |
|---|---|---|---|---|---|---|---|---|---|
| 国内综合性媒体 | 1 | 人民日报 | 0 | 9 | 25 | 16 | 33 | 11 | 94 | 人民网站内搜索检索"报刊" |
| | 2 | 新华社 | 9 | 26 | 38 | 19 | 104 | 18 | 214 | 新华社多媒体数据库检索 |
| | 3 | 中国日报 | 0 | 0 | 3 | 3 | 2 | 1 | 9 | China Daily 站内高级搜索 |
| | | 小计 | 9 | 35 | 66 | 38 | 139 | 20 | 317 | |
| 国内专业财经媒体 | 4 | 财新网 | 6 | 11 | 16 | 12 | 9 | 7 | 62 | 1. 财新网站内高级搜索功能 2. 原创范围包括：《财新周刊》、《中国改革》、《比较》、财新网 |
| | 5 | 第一财经 | 16 | 16 | 24 | 7 | 35 | 5 | 103 | 1. 第一财经网站内搜索 2. 原创范围包括：一财网、VMS一财速递、《第一财经日报》 |
| | 6 | 21世纪经济报道 | 10 | 28 | 9 | 7 | 16 | 4 | 74 | 1. 21经济网站内高级搜索功能 2. 原创范围包括：《21世纪经济报道》、经济网 |
| | 7 | 经济观察报 | 2 | 5 | 3 | 4 | 7 | 3 | 24 | 1. 经济观察网站内高级搜索功能 2. 原创范围包括：《经济观察报》、经济观察网 |
| | | 小计 | 34 | 60 | 52 | 31 | 67 | 19 | 263 | |
| 所有媒体 | | 合计 | 43 | 95 | 118 | 69 | 206 | 39 | 580 | |

（2）报道数量比较分析。

从发布数量来看：在第一个表中，包含消息、通讯、转载文章在内的所有相关内容发表数量，新华网发表的数量最多，为3205篇，人民网次之，为2423篇。国内主流媒体发布的信息数量以总数5675篇远超国内专业财经媒体的总量397篇。在第二个表中，原创新闻报道发表数量排在前五的分别是：新华社、第一财经、《人民日报》、《21世纪经济报道》和财新网。

由此可见，国内主流媒体新华社和《人民日报》承担着第一时间对外发布国家重要决策方针、政策的重要职责，而新华社依然是官方消息的第一来源。

### 2. 报道时间阶段分析

（1）报道时间统计。

以上两表显示报道峰值出现在2016年3月，其次是2016年1月。国内主流媒体和专业财经媒体的报道数量及趋势如下图所示：

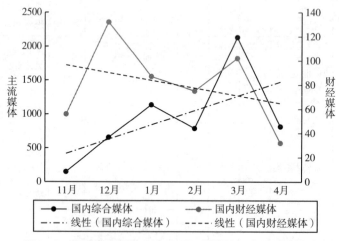

图2-2　国内主流媒体和专业财经媒体的报道数量及趋势

（2）报道时间趋势分析。

①两次报道高峰及其原因。从上图数据可以看出，关于"供给侧结构性改革"议题的报道共有两次高峰，第一个峰值在12月出现，第二个峰值在3月出现。其原因在于"供给侧结构性改革"于2015年11月第一次提出，相应地在12月针对该议题的报道数量大增，因此12月成为该议题的第一次报道小高峰。2016年3月随着全国两会的召开，"供给侧结构性改革"再次成为所有媒体的关注焦点，两会成为了该议题的最大引爆点，3月成为该议题报道的另一高峰。

②媒体报道趋势线的差异及其原因。从上图可以看出，2016年1月国内主流媒体针对该议题的报道数量是增加的，而专业财经媒体则趋于减少。其原因在于，针对12月国内外媒体对"供给侧结构性改革"的不同解读和很多误解，国内主流媒体需要及时发布信息对"供给侧结构性改革"进行权威解读以引导舆论，而财经类媒体对于经济事件更趋于后续的专业分析。因此，在2016年1月的报道数量上，主流媒体和专业财经媒体会呈现出不同的变化趋势。

③报道时间的滞后性。在2015年11月提出"供给侧结构性改革"之后，新华社在11月发布原创稿件9篇，《人民日报》从12月开始刊登与该议题有关的文章，《中国日报》也在同期开始转发该议题的相关新闻。由此可见，在"供给侧结构性改革"议题的报道时间点上，新华社在第一时间发布了相关消息，《人民日报》和《中国日报》报道稍有滞后性。

### 3. 报道内容用词分析

（1）国内媒体。

"供给侧结构性改革"是一个新的经济术语，一般情况下新闻报道中会使用全称"供给侧结构性改革"或是使用简称"供给侧改革"，但是不论是在标题上还是在文章中，国内主流媒体和国内专业财经媒体都少有以"供侧改"为简称的情况出现。

（2）外国媒体。

国外媒体对"供给侧结构性改革"的翻译有很多种说法。虽然《中国日报》的翻译是"supply-side reform"，但是外国媒体并没有统一使用这一翻译。例如：路透社在报道中称之为"supply-side slogan"（"供给侧口号"）；《经济学人》在有报道中称之为"Beijing's reform"（"北京的改革"）和"supply-side strategy"（"供给侧战略"）；《华尔街日报》在有报道中称习近平为"supply-sider"（"供给侧者"）等。

### 4. 报道平台及技术方式

从平台来看，国内外主流媒体和专业财经媒体旗下的新闻网站上发布的新闻数量均大于该媒体旗下的报刊上刊登的文章数量。从内容形式来看，国内外主流媒体和专业财经媒体，不论是在媒体旗下的新闻网站还是在旗下报刊上发表的文章，大多使用新闻图片配文字的形式，《经济学人》杂志是采用漫画配文字的形式，而使用运用视频最多的是国内专业财经媒体第一财经旗下的"一财速递 VMS"。

## （四）"供给侧结构性改革"议题的传播特点

"供给侧结构性改革"具有深刻而丰富的内涵，我们也发现，很多媒体在报道该议题时出现了概念误读。以下将对"供给侧结构性改革"的概念进行梳理，并对相关误读进行分析。

### 1. "供给侧结构性改革"的丰富内涵和侧重点

供需结构错配是我国当前经济运行中的突出矛盾，矛盾的主要方面在供给侧，主要表现为过剩产能处置缓慢，多样化、个性化、高端化需求难以得到满足。中国的结构性问题主要包括产业结构、区域结构、要素投入结构、排放结构、经济增长动力结构和收入分配结构六个方面的问题。这六个方面的结构性问题既相对独立又相互叠加，都需要通过结构性改革而有针对性地解决。因此"供给侧结构性改革"包含了非常丰富的内容，涉及了经济领域的方方面面。"供给侧结构性改革"政策包含了五个关键词：去产能、去库存、去杠杆、降成本、补短板。这"三去一降一补"，是"供给侧结构性改革"的工作重点。

在这样的背景下媒体对"供给侧结构性改革"议题的报道，应该有明确的主次分工。媒体应在第一时间从宏观角度深度解析"供给侧结构性改革"的内涵，而专业财经媒体在此基础上还要站在微观角度，从五个关键词着手，对该议题进行详细的分析报道。

### 2. 现有报道对"供给侧结构性改革"的误读

一些国内财经媒体在 11 月和 12 月解读"供给侧结构性改革"议题时，将其误读为起源于西方供给学派的经济理论。另外，还有一些媒体将"供给侧结构性改革"片面地理解为中国即将实施经济紧缩政策。随着 2016 年 1 月到 4 月《人民日报》连续刊登文章解读"供给侧结构性改革"的深刻含义，媒体对该议题的报道才逐渐有所改变。

国外媒体则对中国的"供给侧结构性改革"有更深的误解，不少国外媒体在报道该议题时都会在文中提到里根和希拉里，并将其进行对比。有很多国外媒体直接将中国的"供给侧结构性改革"与里根经济学画等号。甚至还有国外媒体直接将习近平划为供给学派的代表。

例如：《经济学人》在 2016 年 2 月刊登题为 *Reagan's Chinese echo—The mystery of Xi Jinping's supply-side strategy*① 的文章，虽然内容是对中国"供给侧结构性改革"政策对解读，但是全篇都将其与里根经济学联系起来。《金

---

① 《经济学人》文章：http://www.economist.com/news/china/21684804-mystery-xi-jinpings-supply-side-strategy-reagans-chinese-echo

融时报》发表题为 *China's Xi turns to Reagan and Thatcher for economic inspira-tion*[①] 的文章，认为中国走的是里根和撒切尔改革的老路。唯一例外的是 *Business Insider* 在 2016 年 1 月发表的题为 *The President of China sounds like Ronald Reagan*[②] 的文章，这篇文章不仅正确认识了中国的"供给侧结构性改革"，还将其与里根经济学做了对比，提出了两者的巨大区别以及中国国情的特殊性。

### 3. 媒体对"供给侧结构性改革"的报道趋势预测

"供给侧结构性改革"是一个长期的经济改革议题，因此在未来很长一段时间内该议题都会被媒体持续关注和报道。2015 年 11 月至 2016 年 4 月期间，该议题在不同会议场合被国家领导人提起，每一次都会引发媒体的关注和报道。可以预见的是，由于"供给侧结构性改革"的涉及面广，因此与该议题相关的领域出台新的政策措施，都会引发媒体对该议题的高峰报道。

## （五）"供给侧结构性改革"议题的传播建议

"供给侧结构性改革"在今后相当长的一段时间内都将是我国经济体制改革中的指导性政策，为此，对该议题的报道与传播提出以下建议：

### 1. 对"供给侧结构性改革"的内涵予以清楚的诠释

在对相关媒体报道的观测中，研究发现各方对于"供给侧结构性改革"的内涵和原理的理解仍然存在不少误区。面对这样的经济术语，主流媒体有必要在第一时间通过政策解读、权威发布和专家访谈等不同形式来进行有效的诠释，深入解读其概念内涵，解释其指导性原理，以及与国家宏观政策、

---

① FT 文章：http：//www. ft. com/intl/cms/s/0/6b1c30f8-be77 – 11e5 – 846f – 79b0e3d20eaf. html #axzz48Ql1iYSK

② Business Insider 文章：http：//www. businessinsider. com. au/china-supply-side-economics –2016 –1

经济形势和体制改革之间的重要关联性，消除对这一概念的误解，纠正相关媒体的误读，让各方对中国新经济指导政策有清晰了解与正确的认知。同时，专业财经媒体也应配合做好进一步的分析报道以及对这一政策在产业和行业层面的应用性阐述，帮助受众获得更专业和深入的认知。

### 2. 厘清"供给侧结构性改革"中存在的挑战与机遇

对于"供给侧结构性改革"为中国经济发展所带来的长期机遇与短期困难，媒体应予以充分关注，组织力量进行系统、深入与专业的报道，解释未来中国经济发展所面临的挑战与问题。对经济发展中可能出现的负面问题予以客观报道与及时疏导，对于"供给侧结构性改革"中的正能量进行及时有效的宣传，凝结共识、汇聚信心，共同将这一重要的改革措施推进到底。

### 3. 将"供给侧结构性改革"报道与民众生活更密切地进行关联

为更有效地吸引受众关注，我们还应在报道中将"供给侧结构性改革"的宏观政策措施与民众的生活福祉更有效地关联，让受众理解这一宏观政策与百姓生活的关联性，激发受众对经济改革措施的关注度，提升民众对政策的认知度和对改革的参与度。

### 4. 有效回应质疑声音

面对一些不实报道，以及外媒对我国"供给侧结构性改革"政策的误解与质疑，我们应通过政府新闻发布、专业媒体报道和社交媒体互动等多种形式来主动与外界沟通，用客观事实和翔实数据来对"供给侧结构性改革"的政策予以说明，尤其要清晰地解释中国的"供给侧结构性改革"和西方的供给侧经济学之间的差别，让海外媒体与受众了解中国的国情特殊性与政策的对应性。在报道中也应避免采用意识形态较重的宣教性语言，以国际化的声音来进行客观专业的回应。

### 5. 充分利用新媒体技术，丰富报道形式

"供给侧结构性改革"议题具有较强的专业性，为了让这类议题达到更好的传播效果，媒体应通过通俗易懂的语言，利用新媒体技术来进行信息传播。之前的一些成功经验，比如"一张图看懂系列"的构思都值得借鉴；媒体可以利用信息图、数据图等数据媒体表达方式向受众解释经济政策对老百姓生活的影响。例如，复兴路上工作室制作的动画片系列利用动画的形式和通俗的语言吸引受众的观看兴趣，使受众在轻松观看中理解经济政策背后的含义。在今后的报道中，媒体还可以尝试使用虚拟现实等技术，带领受众身临其境地感受中央经济工作会议、两会等会议现场，第一时间获取有关经济政策的信息。

### 6. 发挥社交媒体在传播中的作用

社交媒体是距离受众最近的媒介，在"供给侧结构性改革"这类议题的传播中，政府和媒体都应更加重视社交媒体所发挥的作用。尤其是在对外传播的过程中，政府和媒体应积极利用国外的社交媒体平台发声，第一时间发布有关政策，进行权威解读和政策分析，在信息对外传播的议程设置中掌握主动权。在使用海外社交媒体平台时，应注意话语体系和叙事体裁，避免宏大的表述方式。同时，也应保持较高的信息发布频率，并积极与粉丝互动以增加关注度，保持用户黏性。网络直播作为当下最流行的社交媒体信息传播形式，也可以作为对外传播的窗口，吸引更多的国外受众了解中国的真实情况。

# 第三部分

# 中国经济报道与传播的重点事例分析

# 一、人民币加入特别提款权（SDR）货币篮的报道与传播分析及建议

北京时间 2015 年 12 月 1 日凌晨，国际货币基金组织（IMF）董事会决定将人民币纳入特别提款权（SDR）货币篮子，人民币成为继美元、欧元、英镑、日元之后第五种国际官方储备货币，占比为 10.92%，超过日元和英镑。

SDR 即特别提款权（Special Drawing Right），是 IMF 根据会员国认缴份额分配、可用于偿还该组织债务、弥补会员国政府之间国际收支逆差的一种账面资产。在 1970 年正式发行之初，SDR 被视为储备货币的新货币体系，通过补充黄金及可自由兑换货币，在国际金融市场上发挥着保持外汇市场稳定的重要作用。每一单位 SDR 最初等于 0.888 克黄金，与当时的美元等值。在布雷顿森林体系于 1973 年 3 月崩溃之后，SDR 被重新定义为一个货币篮子，不再完全与美元绑定。在人民币加入之前，SDR 一篮子货币中还包括美元、欧元、英镑和日元四种在国际市场上广泛流通的货币。

人民币加入 SDR 在宏观层面具有极为重要的意义。这是人民币国际化过程中的重要一步。人民币被纳入 SDR 货币篮子将促进中国进一步开放资本货币，全面融入全球金融市场，助推中国金融体制深化改革。由于 IMF 会员国将通过 SDR 增持人民币资产，这也将有利于冲减人民币贬值的压力。

另外，加入 SDR 有利于中国企业开展对外贸易，有利于中国经济对外开放，也有利于"一带一路"倡议等国家对外政策的实施与推进。加入 SDR 预示着人民币的国际地位、中国在金融市场中的国际话语权大大提升，这将促进中国经济的长远发展。

IMF 官方宣布同意人民币加入 SDR 货币篮子之后，国内外媒体在此前的预测和铺垫基础上，加强力度展开了一系列报道；而国内社交媒体上也掀起了关于 SDR 的话题热潮，SDR 的报道传播成为经济报道中的一个重要事例。为此，研究基于 SDR "入篮"消息发布前后中外媒体报道，对相关议题进行了梳理，对传播中的舆情基本面情况进行了分析，同时提出了相关的传播建议。

## （一）经济报道基本情况

### 1. 国内媒体
（1）主流媒体。

国内主流媒体对于人民币加入 SDR 货币篮子的报道以积极宣传为主，侧重报道人民币"入篮"对中国经济未来发展的积极影响。

《人民日报》在 2015 年 12 月 2 日发表了《人民币加入 SDR 是开放与共赢之举》① 的文章，标题即鲜明地指出人民币加入 SDR 对中国和世界而言都是利好消息，并称"此举有助于加强特别提款权的代表性和吸引力，完善现行国际货币体系，对中国和世界是双赢的结果"。文章援引《华尔街日报》和彭博社的报道，将人民币"入篮"作为中国崛起为全球经济强国的里程碑。文章最后表示，中国将继续发展开放型经济，提高人民币的国际化水平。文章观点鲜明，对舆论具有很强的导向性。

---

① 人民网文章：http://www.wenming.cn/djw/jrrd/xwmt/201512/t20151202_2992811.shtml

　　新华网针对 SDR 策划了三个专题，较为全面地报道了人民币"入篮"。三个专题分别为：国际货币基金组织将人民币纳入 SDR 货币篮子①；人民币"入篮" SDR 国际化征程跨上新台阶②；IMF 宣布人民币"入篮" SDR，易纲称"不必担心货币贬值"③。这三个专题共包含了 10 篇新闻报道，并在侧栏以时间轴的方式列出了之前对于该议题的 5 篇报道。

　　第一个专题主要关注人民币国际化迈出关键一步，报道了中国官方对于人民币"入篮"的回应，以及"入篮"对中国和全球经济的意义。《中国人民银行：欢迎将人民币纳入 SDR 货币篮子的决定》④，表明了中国对人民币加入 SDR 货币篮子持积极开放的态度。《人民币"入篮"，中国与世界共赢的历史性一步》⑤ 介绍了中国政府为人民币"入篮"所做的准备工作，并指出人民币"入篮"反映了全球经济格局的变化，体现了崛起的新兴经济体在国际货币体系话语权的上升，是对国际社会要求改革国际货币体系的回应。《"SDR 篮子"和"菜篮子"的距离》用 5 篇文章分析了人民币加入 SDR 对国民经济的影响以及对老百姓的影响。《人民币加入 SDR 是双赢》重点分析了人民币加入 SDR 对于国内和国际经济的积极影响。在《安永：人民币国际化将为全球贸易增长创造新空间》⑥ 的报道中，安永卢森堡公司金融服务业务拓展部总监杨咏仪指出，人民币国际化的不断增强不仅会为中国，而且也将为欧洲乃至全球的贸易开创新的增长领域。《人民币"入篮" SDR 权重位列第三将倒逼国内改革和转型》⑦ 一文认为人民币在世界范围内的使用规模和使用率将显著提升，人民币"入篮"将倒逼国内经济改革和转型。《上海证券报》11 月 5 日在《SDR 提升中国金融话语权》⑧ 的报道

---

① 新华网文章：http：//www. xinhuanet. com/fortune/cjzthgjj/153. htm
② 新华网文章：http：//www. xinhuanet. com/fortune/cjzthgjj/152. htm
③ 新华网文章：http：//www. xinhuanet. com/fortune/cjzthgjj/154. htm
④ 新华网文章：http：//news. xinhuanet. com/fortune/2015－12/01/c_1117309630. htm
⑤ 新华网文章：http：//news. xinhuanet. com/fortune/2015－12/01/c_1117309638. htm
⑥ 新华网文章：http：//news. xinhuanet. com/fortune/2015－11/16/c_1117152855. htm
⑦ 新华网文章：http：//news. xinhuanet. com/fortune/2015－12/01/c_128485714. htm
⑧ 新华网文章：http：//news. xinhuanet. com/fortune/2015－11/05/c_128395842. htm

中，对人民币加入 SDR 的前景和影响进行了分析。

第二个专题包括两篇特稿和一个数据可视化的图表解析，主要针对人民币未来在货币市场发挥怎样的价值，以及如何长期利好中国经济进行分析。

《更稳健的货币组合更多元的投资渠道》一文以五个猜想展望人民币前景，分别为：人民币加入 SDR 增强国际货币市场的稳定；SDR 地位倒逼人民币继续深化改革；双向促进中国经济发展；人民币汇率长期稳健向好；人民币未来可在世界各国直接使用。图表解析是在投票结果发布前，对 SDR 背景信息、人民币国际化进程以及加入后影响的简洁阐述。

第三个专题是对于该议题新闻报道的整合，包括最新报道、新闻图片、热点回应和滚动新闻，共 36 篇报道，其中包含新华网的报道 21 篇。除了上面两个专题报道的内容，这部分还列出了一些关于该议题的其他角度的报道：人民币汇率、对股市利好、台湾舆论（认为人民币加入 SDR 将推动两岸金融交流）、对百姓和企业的影响，以及海外媒体反映（"海外热议人民币'入篮'SDR 利好效应①"）等。

《中国日报》共发表 24 篇报道，其中包含多篇短消息报道。在 *IMF approves yuan as a major world currency*② 报道中，包含 IMF 决议、中国央行回应以及 IMF 反驳"人民币加入 SDR 是政治行为"的说法。华威商学院教授 Kamel Mellahi 认为人民币"入篮"后，中国央行在提高透明度和加强与国际市场交流方面面临巨大压力，要求文化上和程序上的巨大改变。

《中国日报》在 *Reserve currency status to open renminbi gates*③ 报道中提到，中国的银行间债券市场（CIBM）在国际市场上并没有引起广泛关注，但随着中国经济改革的推进和人民币"入篮"，全球几大央行和其他公共领域投资商会增加对该市场的关注。*HK greets IMF's key vote for yuan*④ 一文报道香

---

① 新华网文章：http：//news. xinhuanet. com/fortune/2015 – 12/01/c_1117318416. htm
② 中国日报文章：http：//www. chinadaily. com. cn/business/2015 – 12/01/content_22592131. htm
③ 中国日报文章：http：//usa. chinadaily. com. cn/opinion/2015 – 12/01/content_22594472. htm
④ 中国日报文章：http：//www. chinadaily. com. cn/hkedition/2015 – 12/02/content_22598698. htm

港金融界欢迎 IMF 的决定，香港金融管理局总裁陈德霖称"香港应抓住这一历史机遇，不断强化金融基础建设，提升市场人才和产品"。其他报道在人民币前景、对国民生活影响、"入篮"对中国和国际经济的影响方面的分析与新华社报道内容相似。

（2）专业财经媒体。

①人民币"入篮"倒逼国内金融体制改革。

第一财经 12 月 1 日发表题为《人民币入篮倒逼国内改革》[①] 的文章，指出人民币成功进入 SDR 将极大推进人民币的国际使用，促使国际社会更多购买人民币资产，不仅能够帮助中国吸引外资、扩大贸易，也能助力资本走出去，是人民币国际化战略的"重要一跃"。人民币加入 SDR 后，自然会有更多对人民币和人民币资产的需求，资金会流入中国，但施行 QDII2 及进一步开放资本账户，特别是在美联储即将开启加息周期之时，又可能引发大规模资本外逃，因此守住汇率、守住经济底线，抑制资产价格泡沫化非常重要。作为技术支持，建议货币当局提前行动，包括降准提高乘数，DQE（定向量化宽松）补充基础货币等，同时，主动预期管理和与市场进行充分沟通都十分必要。

此外，第一财经同日发表题为《人民币加入 SDR 会助推中国金融改革》[②] 的文章，认为人民币加入 SDR 将对人民币国际化起到标志性推动，可以预见未来跨境人民币业务会越来越多。文章引用外资和本土银行观点，表明商业银行对跨境人民币业务的期待。

②探讨人民币"入篮"为中国经济发展带来的影响。

第一财经 12 月 1 日发表题为《人民币成功"入篮"将给中国带来哪些好处？》[③] 的文章，认为加入 SDR 可以发挥改革催化剂的作用，推动国内利率自由化和资本市场改革，提高人民币作为一种储备货币的地位，同时，人

---

① 第一财经文章：http：//www.yicai.com/news/2015/12/4719688.html
② 第一财经文章：http：//www.yicai.com/news/2015/12/4719325.html
③ 第一财经文章：http：//www.yicai.com/news/2015/12/4719081.html

民币资产也将更受欢迎，有利于中国争取大宗商品定价权。但是，短期来看，人民币纳入SDR的象征意义更大。SDR资产仅占全球外汇储备总额的2.4%，在国际金融领域发挥的作用非常小。

人民币"入篮"后，《财经》杂志立即在其微信公众号发表题为《记者华盛顿直击：人民币进篮子了》的文章，报道了人民币成功"入篮"的消息以及人民币所占的权重比例，并指出人民币在SDR中虽然权重第三，但是并不会成为美元的竞争对手。人民币"入篮"更多为象征意义，因为短期内不会立即产生影响，更多的是对于中国金融改革的长期意义。

③探讨人民币"入篮"对百姓生活的具体影响。

《财经》于11月30日在其微信公众号发表题为《人民币入SDR悬念今日揭晓，如何影响百姓消费和投资?》的文章，分别从汇率、消费和投资三个方面分析人民币"入篮"之后的影响，指出人民币加入SDR会推动中国金融改革，人民币加入SDR对境外消费投资有帮助。文章总体态度积极，分析较为客观，不仅阐述了人民币"入篮"对中国和国际带来的好处，同时指出，"入篮"带来的效果不是立马显现的，这是一个长期有效的过程。

经济观察网12月1日发表题为《别操心SDR！看好你的钱袋子》[①]的文章指出，至少从当前来看，SDR与普通民众无关。作者认为"不用兑汇买买买更随性、海外置产炒股更方便、跨境交易收购效率更高"等这些加入SDR之后能起到的效果暂时不能实现。这篇文章对人民币加入SDR后所起的作用持较为消极的态度，认为一国货币的国际化进程仍然取决于该国的经济实力、对外经济交流和开放程度，国内金融市场机制的完善程度，受制于法制的健全程度等，人民币不可能在一夜之间变成全球市场广泛被接受的硬通货。

（3）社交媒体平台。

在社交媒体平台上，11月30日IMF同意人民币"入篮"后，根据新媒

---

① 经济观察网文章：http://www.eeo.com.cn/2015/1201/281467.shtml

体指数网站的热文榜排名显示，一篇名为《欧美为何支持人民币纳入 SDR？进入后对中国有哪些好处》① 的原创文章始终处于榜单前三位，截至 12 月 3 日下午 18 时，排名仍位于第二位，阅读量超过 10 万，约 1 万人点赞。

同时，微博中关于该话题出现了讨论热潮。其主要观点是：人民币加入 SDR 是好事，但人民币压力仍大。

网友们重点讨论的议题主要有：人民币加入 SDR 的实际意义，如对 A 股的影响，对人民币贬值的预期，对人民币国际化进程（如人民币的资本输出、其他国家央行将人民币做储备货币）的影响，对我国企业和个人人民币资产的影响，对我国金融制度改革以及其他改革事务的推动，国人用人民币进行海外消费、购买海外资产是否更为便利，以及对我国房价上涨走势的预期等。

其中，专业财经媒体和财经分析人士主要就 SDR 的普及、金融改革、汇率、人民币国际化的议题展开论述和分析，普通的微博用户在这些议题的互动上相对较弱。

此外，"房地产"与"股市"在这轮微博讨论中占据较大比重，具体表现为讨论加入 SDR 货币篮子对 A 股走势、房价、海外购房等与群众消费支出密切相关的经济事件的影响。

此外，人民币加入 SDR 货币篮子在"知乎"上也引起了热烈讨论。IMF 宣布同意人民币"入篮"后，有网民迅速发起一篇《如何评价国际货币基金组织在 2015 年 11 月 30 日将人民币加入特别提款权（SDR）》② 的话题，发起人附上一张 IMF 关于同意人民币"入篮"的新闻截图，在短短三天内，得到了 2048 个关注。讨论主要集中在人民币"入篮"对于中国经济的影响如何，正反两方面意见都有，以人民币"入篮"带来积极影响的观点占主流。

---

① 微信文章：http：//mp. weixin. qq. com/s? __biz = MzA5OTA0NDIyMQ = = &mid = 401953448&idx = 1&sn = 3a13e16f5e578c8a6161386e03a6f2c1&scene = 4#wechat_redirect

② 知乎文章：http：//www. zhihu. com/question/38054986

绝大部分网友认为人民币"入篮"不只有象征意义，而是会对中国经济有积极影响，带来实际利益，推动人民币国际化和金融体制改革。有网友认为"入篮"意味着人民币走向国际化的趋势不可逆转，一旦人民币走向世界，中国的经济发展就可以在全世界找到支点。但也有部分网友表示，人民币加入 SDR，对人民币的国际地位确实有提升，但提升有限，而且人民币国际化仍有很长道路要走。

还有网友站在提示风险的角度，认为人民币"入篮"后可能会引发一系列变局，如一切以人民币计价的流动资产包括人民币本身会进入升值通道；消费类企业会面临空前的竞争压力；工业类企业会开启扩张模式；金融业会面临大洗牌；人才结构和人口模式会对人民币"入篮"后中国经济发展带来重要作用。

### 2. 国外媒体

（1）综合性媒体的财经版块。

①梳理 SDR 的基本情况及通报人民币"入篮"的消息。

11 月 30 日人民币"入篮"前夕，《南华早报》的消息《人民币能否通过 IMF 大考，结果今天将揭晓》① 一文介绍了 SDR 基本信息，如历史、意义等，重点介绍了权重、政治影响、经济影响等的预期。同日发表的消息《SDR 揭晓前离岸人民币大涨中资买盘猛烈疑似央行干预》② 称 SDR 结果即将揭晓，中国央行不想在这个时间点看到人民币大幅贬值，希望在相对稳定的形势中迎接 SDR。

12 月 1 日"入篮"当天，《南华早报》发表消息《人民币 SDR 终落定

---

① 南华早报文章：http：//www. nanzao. com/sc/business/15156a0d90d8a04/ren-min-bi-neng-fou-tong-guo-imf-da-kao-jie-guo-jin-tian-jiang-jie-xiao

② 南华早报文章：http：//www. nanzao. com/sc/national/15156f8a41d937b/sdr-jie-xiao-qian-li-an-ren-bi-da-zhang-zhong-zi-mai-pan-meng-lie-yi-si-yang-hang-gan-yu

10.92% 权重值欧元要割肉》① 认为调整给人民币的权重大多来自欧元,令分析师对其短期前景表示担心。《有关 SDR 与人民币被纳入这六件事你要知道》② 介绍了特别提款权、中国所做的准备、如何推动人民币国际使用,以及人民币被纳入 SDR 有哪些细节应注意等议题。

②分析人民币"入篮"成功后的相关情况。

12 月 1 日《南华早报》发表了四篇评论及特稿,《人民币进入 SDR 背后的"周氏渐进改革"》③、《后 SDR 时代中国金融改革向何方?》④、《人民币入 SDR 香港投资者怎么办?》⑤ 和《SDR 背书不敌贬值压力,汇改后中国债市外资占比不增反降》⑥,分别从周小川个人的观点、中国金融体制、香港金融市场和人民币发展状况角度全面分析了人民币"入篮"后的情况。

上述文章分析:周小川以市场为导向的渐进主义正在逐步显效。国际货币基金组织决定将人民币纳入特别提款权货币篮子,这是对周小川的工作和对中国经济实力的又一肯定;国际货币基金组织正式将人民币纳入其贷款储备货币篮子,这体现出人民币不断上升的国际地位,也是中国推动人民币国际化的里程碑。这将消除部分有关当年夏季股灾之后,中国是否会继续推进金融改革的疑虑;对香港投资者来说,人民币被纳入 SDR 不会即时增加对人民币的需求,股市所受到的即时影响也可能是有限的,人民币一路上升,这不可能持续下去,因为内地会在人民币被纳入 SDR 之后停止干预汇市;人

---

① 南华早报文章:http://www.nanzao.com/sc/business/1515afb8f5dce39/ren-min-bi-sdr-zhong-la-ding-10 - 92-quan-zhong-zhi-ou-yuan-yao-ge-rou

② 南华早报文章:http://www.nanzao.com/sc/business/1515ba13f4f5294/you-guan-sdr-yu-ren-min-bi-bei-na-ru-zhe-liu-jian-shi-ni-yao-zhi

③ 南华早报文章:http://www.nanzao.com/sc/business/1515929f9801c46/ren-min-bi-jin-ru-sdr-yu-zhou-xiao-chuan-di-shi-chang-dao-xiang-jian-jin-gai-ge

④ 南华早报文章:http://www.nanzao.com/sc/business/1515b0dd8779248/hou-sdr-shi-dai-zhong-guo-jin-rong-gai-ge-xiang-he-fang-

⑤ 南华早报文章:http://www.nanzao.com/sc/business/1515b68ec44b3fb/ren-min-bi-ru-sdr-xiang-gang-tou-zi-zhe-zen-mo-ban-

⑥ 南华早报文章:http://www.nanzao.com/sc/business/1515c286f7a1378/sdr-bei-shu-bu-di-bi-an-zhi-ya-li-hui-gai-hou-zhong-guo-zhai-shi-wai-zi-zhan-bi-bu-zeng-fan-jiang

民币将在 2016 年兑美元贬值约 5%，长远来讲，境外投资者对境内外人民币债券的兴趣将随着人民币被纳入 SDR 货币篮子成为国际储备货币而增大。

③揭示人民币"入篮"的象征性意义。

关于人民币"入篮"，CNN Money 在一篇相关报道 IMF admits China's yuan to elite currency club 中提到：将人民币纳入在很大程度上是象征性行为，但这会提升人民币在国际舞台的地位，因此鼓励各国持有人民币。

（2）专业财经媒体。

①预测人民币"入篮"及"入篮"前的相关事宜。

11 月 30 日路透社发表评论 IMF's yuan inclusion signals less risk taking in China[1]，认为人民币"入篮"后，全世界将承担其风险，中国目前的任务是解决国内问题，中国承受不了第二次股灾。金融时报在 11 月 30 日发表评论《分析：预计 IMF 今日接纳人民币加入 SDR》[2]，表示把人民币纳入 SDR 货币篮子在很大程度上是一个政治决定，但是 IMF 管理层坚称，对于纳入人民币的审议是一个纯粹的"技术性"问题，焦点是人民币是否可被用于 IMF 与其成员国的交易的实际问题。路透社在 11 月 30 日发表学术论文的观点总结 ASIA CREDIT CLOSE：Markets volatile on SDR decision day[3]。指出，世界金融市场在人民币"入篮"前发生了波动。

彭博社（Bloomberg）在 12 月 1 日发表题为 Four Ways China Flexed Economic Power Before IMF Club Added Yuan[4] 的文章，指出在 IMF 同意人民币加入 SDR 之前，中国就已经展示出了其雄厚经济实力，主要表现在四个方面：第一是外汇储备，中国拥有全世界最大的外汇储备；第二是军队开支，中国

---

① 路透社文章：http：//www. reuters. com/article/2015/11/30/us-imf-china-reform-idUSKBN0TJ02Y20151130

② 金融时报文章：http：//www. ftchinese. com/story/001065050

③ 路透社文章：http：//www. reuters. com/article/2015/11/30/markets-asia-debt-idUSL3N13P3NP20151130

④ 彭博社文章：http：//www. bloomberg. com/news/articles/2015 – 12 – 01/four-ways-china-flexed-economic-power-before-imf-club-added-yuan

是仅次于美国的第二大军事支出国；第三是联合国预算，随着中国经济实力的增长，中国成为联合国预算中排名前三的贡献者；第四是中国牵头成立了亚投行，其成员国已经超过了五十个。

②预测中国金融体制改革。

11 月 30 日英国《金融时报》发表评论《中国金融监管新框架：走向超级央行?》①，分析中国金融市场的走向问题，认为改革现行金融监管框架势在必行，并对如何调整金融监管框架进行了讨论，认为第一是把金融监管协调机制做实，比如在国家层面成立金融稳定委员会，从更高层面协调"一行三会"；第二是将"三会"监管权统一，成立综合监管机构；第三是仿效危机后国际央行改革最新经验，将"三会"并入央行，采取超级央行模式。

福布斯（Forbes）12 月 1 日发表题为 *Dollar*, *RMB*, *Euro*: *A New World Economic Order*② 的文章，对美元、欧元、人民币、日元、英镑的未来前景进行分析。文章对人民币的未来持乐观立场，认为加入 SDR 前后，中国政府在经济金融改革方面采取一系列措施，比如利率市场化改革；此外，人民币在离岸交易中的份额超过日元。这些都会增强投资者信心，人民币在全球货币储备中的份额将逐步提升，如果某一天超过美元，将改写全球经济规则。

③梳理 SDR 的基本情况及通报人民币"入篮"的消息。

如《金融时报》在 12 月 1 日发表消息《IMF 将人民币纳入 SDR 货币篮子》③、路透社同日发表消息 *IMF gives China's currency prized reserve asset status*④ 报道人民币"入篮"现场的基本情况，IMF 主席拉加德在现场的问答和演讲情况，承认加入 SDR 是中国经济改革及其融入全球金融体系进程中

---

① 金融时报文章：http://www.ftchinese.com/story/001065046

② 福布斯文章：http://www.forbes.com/sites/lbsbusinessstrategyreview/2015/12/01/dollar-rmb-euro-a-new-world-economic-order/

③ 金融时报文章：http://www.ftchinese.com/story/001065068

④ 路透社文章：http://www.reuters.com/article/2015/12/01/us-imf-china-idUSKBN0TJ24Q20151201#jI6ozQmMcUb5G7W2.97

的"里程碑"。路透社还在同一日发表评估报告 *Fitch: Renminbi Reserve Status Still a Way Off Despite SDR Entry*[①]，全面评估了人民币现状，认为即使是人民币"入篮"后，人民币的国际地位的提高还需时间，人民币自由使用性还需进一步改进。

④分析人民币"入篮"成功后的相关情况。

12 月 1 日人民币"入篮"成功后，金融时报连发三篇评论《人民币国际化的下一步》[②]、《中国央行：人民币不会再出现突然波动》[③]、《从人民币纳入 SDR 寻找特别的意义》[④]。文章认为，今后几个月中国会允许人民币兑美元汇率逐步贬值。人民币进入 SDR 篮子对人民币国际化只具有象征意义，尽管这种象征意义并不是不重要；一种货币是不是能真正成为国际认可的储备货币，取决于一系列条件，如货币政策的稳健和透明、法治的独立和公正、货币可以自由跨境使用等。在这些方面，人民币还有很长的路要走。人民币被纳入 SDR 对国际是小事，但对中国的金融改革和人民币国际化是大事。其特别意义在于，中国在人民币纳入 SDR 之后，将走上一条不可逆的市场化改革与开放之路。

⑤分析人民币"入篮"的意义。

福布斯 11 月 30 日发表题为 *IMF Drawing Rights: Another Big Step Towards A Global Chinese Currency*[⑤] 的文章，持谨慎乐观立场，对人民币加入 SDR 进行了正反两方面的分析。从正面来说，肯定人民币加入 SDR 的三点意义：标志着 IMF 承认中国在全球经济中的"第一梯队"地位（top tier player），推动人民币国际化，以及相信中国的经济改革决心。反面来说，文章认为由于人民币资本项目管制，人民币并不是自由货币，其使用自由度和

---

① 路透社文章：http://www.reuters.com/article/2015/12/01/idUSFit94232420151201
② 金融时报文章：http://www.ftchinese.com/story/001065061
③ 金融时报文章：http://www.ftchinese.com/story/001065077
④ 金融时报文章：http://www.ftchinese.com/story/001065066
⑤ 福布斯文章：http://www.forbes.com/sites/chriswright/2015/11/30/imf-drawing-rights-another-big-step-towards-a-global-chinese-currency/

广泛度排在加拿大元和澳元之后。人民币之所以能够加入 SDR，一定程度上靠中国的政治影响力——中国长期以来想改革 IMF 份额结构，并主导组建亚洲基础设施投资银行。

12 月 1 日，彭博社制作了一期 *New dawn for China as Yuan joins majors*① 的视频新闻，从两方面对人民币加入 SDR 事件进行了积极的报道。一方面，是人民币加入 SDR 这件事本身是人民币走向国际化的标志；另一方面，虽然人民币目前还没有完全国际化，但是彭博引用中国央行副行长在一个简报上的报告，认为人民币将会逐步市场化，指出 IMF 同意人民币加入 SDR 是一种国际性的认可，这是人民币国际化的新进展，标志着中国融入了数十年来一直由美国、欧洲和日本主导的国际经济体系。央行副行长易纲表示：中国长期的目标是非常少的政府干预，双向波动将成为常态。

⑥对人民币"入篮"后币值进行预测。

11 月 30 日，《经济学人》网站发表题为 *The Chinese renminbi joins the IMF's reserve-currency basket*② 的文章，副标题为 *Its new status might make for a weaker yuan*，阐述了《经济学人》对人民币贬值的预测。文章观点比较客观，指出人民币"入篮"更多的是象征意义，而这篇文章预测"入篮"会促使人民币贬值，一方面是人民币币值长期被高估，另一方面是美联储加息的预测会给人民币带来下行压力。由于中国长期以来对货币进行干预，政府不可能立刻将人民币放开，使其完全市场化，但由于 IMF 已经批准人民币"入篮"，那么中国有责任逐渐放开对人民币的干预。

《华尔街日报》于 12 月 1 日发表《人民币"入篮"难改投资者看跌预期》③ 的文章，指出人民币"入篮"长期来看将提升人民币的海外需求，并将促使中国政府继续放松对汇率和金融系统的控制。投资者预计中国经济将

---

① 彭博社文章：http://www.bloomberg.com/news/videos/2015 – 12 – 01/new-dawn-for-china-as-yuan-joins-majors

② 经济学人文章：http://www.economist.com/news/business-and-finance/21679341-its-new-status-might-make-weaker-yuan-chinese-renminbi-joins-imfs

③ 华尔街日报文章：http://cn.wsj.com/gb/20151201/fin085316.asp

进一步放缓，中国央行将继续让人民币贬值。投资管理机构预计，在中国进一步向外国投资者开放金融市场前，各国央行将人民币加入储备资产的步伐将是缓慢的。人民币汇率持稳也表明，中国的基本经济状况以及中国央行是否会利用本币贬值来支持经济增长存在不确定性。中期来看，中国经济增长乏力之际人民币可能面临更大贬值压力。为缓解经济结构调整和债务去杠杆化的痛苦，一种有用的政策工具就是让货币进行有管理的贬值。

⑦分析各国对于人民币"入篮"的态度。

彭博社 12 月 1 日发表题为 Asian Central Banks Welcome Yuan's IMF Reserve - Basket Inclusion① 的文章，指出 IMF 同意人民币加入 SDR，对于人民币国际化来说是一个关键的里程碑。中国央行行长周小川认为，全球经济体系过于依赖于单一货币美元，人民币加入 SDR 会增进全球经济体系的稳定性。韩国表示会增加人民币的储备。香港表示已经许诺将会进一步支持人民币交易。日本对 IMF 的决议表示尊重，但并未承诺会将人民币作为储备货币，日本财政部长表示此举不会对私人交易人民币造成影响。马来西亚央行对目前持有的人民币表示满意，并希望东南亚国家与中国可以更多利用人民币进行交易，同时再多一些贸易往来。新加坡表示在 IMF 做出决议之前就一直在支持人民币加入 SDR。印度尼西亚对增加人民币储备持开放的态度。菲律宾表示将会继续考虑投资人民币，将人民币作为外汇储备多样化的一个部分。

（3）新媒体网站。

新媒体网站主要关注人民币"入篮"的意义。

Business Insider 于 12 月 1 日转发布鲁金斯学会发表的一篇美联储前主席本·伯南克的文章，题为 Bernanke：The inclusion of China's currency in the SDR doesn't mean much② 将人民币"入篮"比喻成没有任何实际价值的金色

① 彭博社文章：http：//www. bloomberg. com/news/articles/2015 - 12 - 01/asian-central-banks-welcome-yuan-s-imf-reserve-basket-inclusion

② Business Insider 文章：http：//www. businessinsider. com/bernanke-says-china-yuan-in-sdr-is-symbolic - 2015 - 12

星星，这只是对学生完成作业的奖励，因此人民币"入篮"不可能为人民币带来任何额外的特权。他提到，中国领导人非常希望人民币"入篮"，对其象征意义非常重视，而 IMF 同意人民币"入篮"既是对中国成为世界经济大国的肯定，也是对中国近年来逐步开放资本市场、达到国际金融监管要求、提高市场决定人民币币值作用的肯定。此外，他还认为人民币"入篮"能够达到对美元的制衡作用，但目前而言，美元仍然是最重要的国际货币，因为美元是美国经济实力的象征。如果中国的资本市场更加开放，在未来人民币的国际地位也会进一步提高。

Business Insider 于 12 月 1 日发表题为 *Here's the real impact of adding the yuan to the IMF's reserve currency basket*[①] 的文章，提出人民币"入篮"有其深层次意义。人民币"入篮"会造成 420 亿美元的储备资产调整成为人民币，这不仅是中国经济融入国际金融体系的重要一步，也是人民币国际化的重要措施；而且，IMF 同意人民币"入篮"可以倒逼中国进行货币市场化改革。文章认为，中国已经说服了 IMF 同意人民币"入篮"，但更为关键和艰难的挑战是如何让市场信服，这需要国内不断金融体制深化改革。

Quartz 的一篇报道 *The Chinese yuan won't become a global reserve currency any time soon* 态度比较负面，质疑人民币"可自由使用"，认为由于人民币汇率的影响，提振各国对人民币需求难度很大。

## （二）报道趋势分析

在 Bloomberg Service 上使用 News Trend 功能对 2015 年 11 月 1 日 ~ 12 月 1 日期间全部含有 SDR 关键词的报道进行搜索，得到如下趋势图：

---

① Business Insider 文章：http：//www. businessinsider. com/impact-of-adding-the-yuan-to-the-imfs-reserve-currency-basket－2015－12

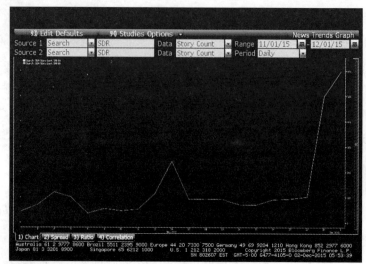

图 3 - 1　关于 SDR 的报道数量趋势

在 11 月 1 日至 12 月 1 日的全部报道中，随着时间的推移，SDR 的报道越多，话题受到的关注越多。关于 SDR 的报道数量最高点出现在 12 月 1 日，数量达到约 600 篇。在一个月的趋势监测中，对 SDR 报道的一个小高峰出现在 11 月 4 日，大约有 11 篇。这一天原本是 IMF 早前确定的对人民币展开评估的开始日期；但 4 日当天 IMF 将原定的评估推迟至当月底，人民币 "入篮" 时间节点的改变引发了一系列外界的猜想和讨论。

第二个数量高峰出现在 11 月 16 日，约 250 篇，由以下多重因素所致。第一，16 日下午，离岸人民币兑美元（CNH）暴涨 275 点，在岸人民币兑美元（CNY）暴涨 123 点。汇率大幅波动引发金融分析师们的广泛讨论。第二，美国和英国的媒体均于 16 日当天发声，对人民币 "入篮" 发表了持积极态度的报道，称 "如若达标则支持人民币加入 SDR"。① 第三，二十国集团领导人第十次峰会在土耳其安塔利亚举行，习近平主席出席峰会并发表重要讲话，指出 "人民币加入 SDR，有利于维护全球金融稳定"，并称 "期

---

① 凤凰网文章：http://finance.ifeng.com/a/20151116/14070852_0.shtml

待人民币纳入 SDR"。① 各大媒体对此进行了报道和转载。12 月 1 日，IMF
宣布人民币成功加入 SDR，并公布了其所占份额，报道峰值随即出现。

## （三）报道与传播情况分析

IMF 宣布人民币加入特别提款权货币篮子是近期内最为重要的经济事件
之一，因此各媒体的报道数量都在 11 月 30 日左右呈现快速上升的趋势。就
内容来看，中外媒体的报道普遍较为客观，报道内容主要有以下三方面：

第一类报道梳理背景信息，包括中国为加入 SDR 所做的努力，中国目
前的金融体制状况等。

第二类报道评价肯定加入 SDR 对中国经济金融改革和人民币国际化的
积极作用，并且表达了对一个更加开放的中国经济的期待。

第三类报道对人民币"入篮"后对中国经济的影响和人民币国际地位
进行预测，包括对人民币贬值的预测，以及对人民币国际地位不可能迅速提
高的预测等。

总体来看，对此议题的报道与舆论传播呈现出以下特点：

首先，中国国内媒体的报道普遍看好人民币国际化带来的积极影响，而
国外媒体更侧重于持保留和谨慎的态度，这恰好反映了中外媒体报道中国经
济事件的特点。其次，虽然对人民币"入篮"的报道数量多，关注度大，
但由于话题的专业度高，在此期间舆论发展比较平稳，未引起重大的舆论管
控危机。

在此背景下，对 SDR 相关经济传播提出相关建议：

第一，要明确人民币"入篮"所标示的金融国际化进程将是未来长期
影响中国经济发展的重要议题，需要做好系统宣传的准备和策划。尽管人民
币加入 SDR 对中国发展有积极影响，但在目前阶段所表现的更多是象征性

---

① 凤凰网文章：http：//finance. ifeng. com/a/20151116/14071046_0. shtml

意义，其实际价值在短期内体现并不明显，所以，媒体需要更多介绍与宣传其对中国经济发展的长期影响。

第二，在短期内，人民币"入篮"会倒逼我国金融体制改革，加快人民币国际化和汇率改革的步伐。这有可能为目前金融体制改革带来更多挑战，引发一些经济波动，带来人民币贬值等风险。因此，媒体应充分关注，并有效传达积极信息，比如：我国有能力应对贬值风险及其他可能出现的经济波动，目前的问题可以通过内外部改革来解决问题，无须过度恐慌，等等。

第三，事实上，加入 SDR 是一把双刃剑，一方面这将会促进人民币国际化进程，对中国经济产生积极影响；另一方面也要求我国的金融体制和货币体系更加公开透明，对监管也提出更高要求。因此，媒体应引导公众客观认知加入 SDR 所带来的机遇和挑战。

第四，由于 SDR 专业性较强，普通公众对于人民币加入 SDR 存在较多误区，因而出现不少谣言与误解，如有人认为人民币"入篮"后在海外可以直接用人民币购物等。媒体有责任进行有针对性的疏导和澄清。

第五，在下一轮舆论宣传过程中，媒体报道应重点关注人民币"入篮"对普通受众带来的影响，帮助受众正确认识人民币"入篮"与自身的关系，比如人民币的信用提高，币值更稳定，钱包缩水的压力减轻，境外购物和投资更便利等，这些变化将直接影响老百姓的生活。

第六，应该注意到，在这轮报道中，部分媒体仍存在流程不规范的问题。在 IMF 正式宣布人民币加入 SDR 货币篮子之前，国内已有媒体提前宣布结果，大部分报道也未将 IMF 官方发布作为重要信源。类似错误在此前曾经出现过，如新华社曾在 2020 年夏季奥运会承办国消息公布前宣布投票结果而出现乌龙事件。因此，媒体应以此为戒，严格规范流程，规范信源，避免出现类似错误。

第七，人民币"入篮"是典型的经济报道，非常适合通过图表等数据可视化的方式呈现这一复杂的议题，因此，在下一步宣传报道过程中，应注意利用网络媒体，通过数据可视化方式，进一步加强数据新闻报道，以更为直观的方式呈现新闻。

第八，人民币"入篮"是我国未来发展重大战略之一，与"一带一路"倡议等国家经济方略息息相关，在后续宣传中应加强人民币"入篮"议题与"一带一路"倡议等国家重大战略的联系，深入报道人民币国际化对于国家战略实施的重要推动作用，且要注重展现大国责任。在未来的报道与宣传中，应着重强调人民币加入 SDR 对优化全球储备货币体系的积极作用，以及中国政府愿意参与全球经济治理，履行大国责任等信息，为阴霾中的世界经济走向复苏贡献力量。

# 二、亚投行建设与成立中的报道与传播分析及建议

## （一）有关亚投行（AIIB）的基本情况

亚洲基础设施投资银行（Asian Infrastructure Investment Bank，简称亚投行，AIIB）是政府间性质的亚洲区域多边开发机构，重点支持基础设施建设。亚投行的成立旨在促进亚洲区域的建设互联互通化和经济一体化的进程，并加强中国及其他亚洲国家和地区的合作。亚投行的总部设在北京，法定资本为 1000 亿美元。

亚投行从 2013 年提议筹建，到 2016 年初正式运营，主要经历了以下几个关键时间点：

2013 年 10 月 2 日，习近平主席提出筹建倡议。

2014 年 10 月 24 日，包括中国、印度、新加坡等在内 21 个首批意向创始成员国的财长和授权代表在北京签约，共同决定成立亚洲基础设施投资银行。

2015 年 4 月 15 日，亚投行意向创始成员国确定为 57 个，其中域内国家 37 个、域外国家 20 个。

2015 年 6 月 29 日，《亚洲基础设施投资银行协定》签署仪式在北京举

行，亚投行 57 个意向创始成员国财长或授权代表出席了签署仪式。

2015 年 12 月 25 日，亚洲基础设施投资银行正式成立，全球迎来首个由中国倡导设立的多边金融机构。

2016 年 1 月 16 日至 18 日，亚投行开业仪式暨理事会和董事会成立大会在北京举行，任命前中国国际金融公司董事长金立群担任首任行长、中国财政部部长楼继伟为首届理事会主席。自此，亚投行正式投入运营。

在创立初期，亚投行投资的重点领域包括主要公共基础设施的五大方向，即能源、交通、农村发展、城市发展和物流。

亚投行的治理结构分理事会、董事会、管理层三层。理事会是最高决策机构，每个成员在亚投行有正副理事各一名。董事会成员 12 名，其中域内 9 名，域外 3 名。管理层由行长和 5 位副行长组成。2016 年 2 月 5 日，亚投行正式宣布任命 5 位副行长，分别来自英国、德国、印度、韩国和印度尼西亚，均曾在本国政府或世界银行及同等层次的多边金融机构任职，多数副行长还具备基础设施项目运营的经验。

亚投行的主要成员中，联合国安理会五大常任理事国占四席，即中国、英国、法国和俄罗斯；G20 国家占 14 席，即中国、英国、法国、印度、印度尼西亚、沙特阿拉伯、德国、意大利、澳大利亚、土耳其、韩国、巴西、南非和俄罗斯；西方七国集团占四席，即英国、法国、德国和意大利；金砖国家组织中国、俄罗斯、印度、巴西和南非全部加入亚投行。按大洲分，目前亚投行包括亚洲 34 国、欧洲 18 国、大洋洲 2 国、南美洲 1 国、非洲 2 国，总计 57 个国家，这 57 个国家全部是亚投行正式的意向创始成员国。

亚投行的成立具有极为重要的意义，主要体现在：

第一，促进亚洲国家经济发展与区域经济一体化。创建亚洲基础设施投资银行，通过公共部门与私人部门的合作，能有效弥补亚洲地区基础设施建设的资金缺口，推进亚洲区域经济一体化建设。

第二，有利于扩大全球投资需求，支持世界经济复苏。

第三，有利于通过基础设施项目，推动亚洲地区经济增长，促进私营经济发展并改善就业。

第四，通过提供平台将本地区高储蓄率国家的存款直接导向基础设施建设，实现本地区内资本的有效配置，并最终促进亚洲地区金融市场的迅速发展。

亚投行的建设、成立与发展是近年来经济报道与传播中的重要事例。围绕此事例，特别是中国在其中所起的作用和扮演的角色，国内外媒体展开了一系列报道，国内的社交媒体上也涌现诸多关注与讨论。为此，本研究对中外媒体有关亚投行议题的报道进行了梳理，对传播的基本面情况进行了分析，并提出相关建议。

## （二）亚投行国内媒体报道基本面情况分析

### 1. 国内主流媒体与财经媒体

关于亚投行，国内媒体在其提出成立倡议到签署期间的报道多集中于背景分析、未来展望以及前期影响力的介绍等方面；在成立及开始运营之后，则集中于规章制度阐述、热点问题分析和回应质疑三个方面；内容多基于对亚投行相关官员的专访及专家的权威性解读。

虽然阶段性报道内容一致，但国内中英文媒体在报道方式及侧重点上存在着差异。中文媒体将着力点放在以下方面：前期报道注重介绍亚投行提出的背景、意义和运行规则等，突出中国在亚投行中的地位，同时强调中国并不刻意寻求"一股独大"，并将亚投行与其他战略包括丝路基金等结合进行介绍。相比之下，承担外宣任务的国内英文媒体则更注重将中文媒体没有正面提出的国际社会质疑点列出，并予以回应，强调亚投行建设的公开透明性，如《中国日报》文章 *AIIB chief vows to run clean, lean, green institution*[①] 等。

---

① 中国日报文章：http://africa.chinadaily.com.cn/weekly/2016-01/22/content_23195292.htm

根据亚投行的三个关键时间节点，研究分析整理报道情况如下：

（1）协议签署之前及 2015 年 6 月签署落实阶段。

国内主流媒体与财经媒体在这一阶段的报道以基本情况介绍、背景分析以及未来展望为主。

①介绍亚投行成立的基本情况和解释性报道。

在亚投行协议签订之前的谈判阶段，《21 世纪经济报道》发文《亚投行的挑战》[①]，讨论了亚投行谈判和运行中的难题。文章认为，最重要的挑战是治理结构问题，目前的多边机构有几种权力分配模式，一种是包括 IMF 和世界银行在内的模式：决议通过需要成员投票，投票份额取决于股权、GDP 等因素，这是事实上的联合否决权的管理模式；一种是以 APEC 为代表的模式，纯粹以成员经济体协商一致产生的共识为基础。后者将难以达成任何实质性决议，而前者又可能出现一家独大或利益集团控制等问题。此外，如何提升银行运作的效率，如何对贷款的风险进行控制，如何保证项目的社会和环境效应以及如何保证公共采购的公开透明等，都是亟待解决的问题。

2015 年 6 月 29 日 9 时 42 分，人民网发布快讯，澳大利亚拉开亚投行协定签署仪式大幕。与之相应，人民网在这天的报道主要聚焦于亚投行协定的签署事宜，其中《解读亚投行：〈协定〉签署日的五大看点》[②] 一文具有代表性。文章主要对亚投行协定做出必要解释，阐述成员国和相关世界性金融机构对协定的不同回应，以及协定签署后亚投行未来的动向等。

至正式签署后的当天，人民网又从多个方面对亚投行的相关事宜做出进一步解释，主要包括：亚投行协定正式签署中国暂列第一大股东、世行行长金镛欢迎亚投行成立，以及中国财政部详解亚投行四大关键点等。

同日，《财经》杂志转载了财政部官网与《中国青年报》报道，介绍了亚投行成立的基本情况。

协议正式签署后的第二天（6 月 30 日），人民网对亚投行的报道趋向于

---

① 21 世纪经济报道文章：http：//news. 163. com/15/0406/00/AMFPL63200014SEH. html

② 人民网文章：http：//world. people. com. cn/n/2015/0629/c1002 - 27225960 - 3. html

专业分析和评论。这些报道体现出国内外舆论对亚投行的不同关注点，较有代表性的报道包括：《中国占亚投行 26.06% 投票权》《经济观察：亚投行"基本大法"含金量如何?》《环球社评：领导亚投行，中国需学会挨骂和妥协》《华盛顿的忧虑并未能阻挡或拖延亚投行的脚步》《美国务院：亚投行释放积极信号冀高标准运营》《亚投行国际舆论广受好评》《"不透明"只是他国借口》《渣打银行：亚投行远期效应受关注》等。

②对亚投行成立意义和影响的分析与评论。

第一财经在 2015 年 5 月 22 日刊文《从亚投行看全球治理和中国选择》①，报道了复旦大学管理学院和第一财经研究院合办的"从亚投行看全球治理和中国选择"研讨会中几位与会嘉宾的观点，包括：全球治理已经从西方治理向东西方共同治理转变，中国应区别于美国的全球治理模式，以经济主导而不是军事主导的形式来参与全球治理、支持"中美合作"的"协同效应"，中国应该少受"谦虚传统"的束缚以及在全球治理格局中扮演好"主导者"等。

6 月 30 日，财经网转载了《南风窗》文章《亚投行成立对中国意味着什么》②，指出亚投行是一个聪明而大胆的尝试，意在整合世界金融资源助推亚洲发展；中国经济开始以"国家"走向世界，也在试图让世界走向中国，用成熟的全球经济制度来改善中国的制度短板。亚投行的成功，将成为中国对外经济模式的制度性进步，也是对中国、亚洲和世界的发展贡献的有力证明。

（2）2015 年 7 月至 12 月亚投行正式成立阶段。

这一阶段，国内媒体的相关报道较少，以新华网和人民网的专题整合与系列文章为主，报道聚焦点如下：

①亚投行成立进程与背景介绍。

新华网策划在 2015 年 10 月 24 日推出集合数十篇相关报道的专题"21

---

① 第一财经文章：http://www.yicai.com/news/2015/05/4621089.html
② 《南风窗》文章：http://www.nfcmag.com/article/5508.html

国签署备忘录亚投行正式成立"①,着力点是对亚投行的背景介绍,通过2014 年签署筹建亚投行备忘录前后的新闻报道,一方面提供关于亚投行的全面信息,包括亚投行性质、原则、筹建日程、治理结构设计和运行规章等;另一方面,分析其成立的意义,这部分报道多基于对财政部部长楼继伟在签约后所接受的采访。

在 25 日之前的一周内,人民网关于亚投行的报道主要集中在各创始成员国签署亚投行协定方面。12 月 31 日,人民网集中报道"菲律宾将以创始成员国身份加入亚投行"这一议题。在此之前,菲律宾始终不予签署亚投行协定,并借南海问题向我方发难。

②亚投行成立的热点分析与观点呈现。

新华网于 12 月 25 日发布了第二个整合报道专题"亚投行正式成立明年1 月开张运营"②。相较于上一个专题以背景介绍为主的内容布置,这个专题在相关新闻的实时更新之外侧重热点分析与观点呈现。在 2015 年 12 月 25日发表的"亚投行正式成立首批项目有望明年年中批准"③ 的报道中,通过引用当时亚投行候任行长金立群的专访,对国际社会和普通民众关心的亚投行热点话题,包括成员国吸纳工作、贷款计划安排、员工招聘条件等进行了讨论。

人民网则发文介绍了亚投行候任行长金立群及其对亚投行的治理理念,同时也转载了其他主流媒体和智库关于亚投行所面临的经济形势,以及亚投行突破困境所需的努力等方面的报道。

（3）2016 年 1 月亚投行开业运营阶段。

2016 年 1 月 16 日至 18 日,亚投行开业仪式暨理事会和董事会成立大会在北京举行。在这一阶段,国内媒体的报道主要集中在开业仪式、管理层任命等方面,具体包括以下议题:

①　新华网文章:http://www.xinhuanet.com/fortune/cjzthgjj/77.htm
②　新华网文章:http://www.xinhuanet.com/fortune/caiyan/ksh/15.html
③　新华网文章:http://news.xinhuanet.com/fortune/2015 - 12/25/c_1117583857.html

①亚投行开业运营消息更新。

人民网自 2016 年 1 月 9 日起，转发新华社、中国新闻社和环球时报等媒体关于亚投行正式开业运营的日期以及国家领导人出席仪式的通稿。

在 2016 年 1 月亚投行正式开业运营前后，新华社发表系列文章以及两篇评论文章《重塑新动力　共筑繁荣梦——写在亚投行开业之际》①与《新华国际时评：亚投行为什么令人心动》②。此外，新华社还推出了一个图解亚投行成立过程的数据可视化项目《亚投行如何从 0 到 1》③。

在 1 月 16 日至 18 日亚投行成立大会期间，《财经》转载了新华网、《京华时报》与凤凰财经三篇文章，对亚投行开业运营和董事会任命的消息进行了更新。

②探讨亚投行成立意义与对中国对外经济和国际经济秩序的影响。

人民网在开业仪式之前刊文，就亚投行对我国周边国家、世行等同类机构的合作意义进行了报道④。2016 年 1 月 11 日，人民网转载《瞭望》周刊文章，对亚投行如何构建国际影响力提出了期许⑤，指出要在向发展中国家提供援助活动时小心谨慎、有的放矢。该文还分析了亚投行在基础设施建设和项目开发方面所面临的挑战，包括"宏观政策的风险、发展中国家项目开发的能力欠缺、项目准备资金不足等"，因而主张"授人以渔"和创新援助的模式。该文也认为"循环基金模式"优势明显，值得尝试。

1 月 15 日，人民日报海外版刊登有关亚投行的解释报道《开业筹备就绪　中国先人后己　亚投行首贷投给谁?》，文章从中国国家领导人提出亚投行筹建倡议、到各个国家积极响应，从亚投行候任行长金立群的具体推动、到《亚投行协定》的磋商等方面进行介绍，着重澄清亚投行与世界银行、亚洲开发银行等现有多边开发银行是互补而非竞争关系，而且强调

① 新华网文章：http://news.xinhuanet.com/fortune/2016-01/15/c_1117793647.html
② 新华网文章：http://news.xinhuanet.com/world/2015-03/19/c_1114687603.html
③ 新华网文章：http://news.xinhuanet.com/fortune/2016-01/16/c_128634712.html
④ 人民网文章：http://scitech.people.com.cn/n1/2016/0109/c1057-28032955.html
⑤ 中国共产党新闻网文章：http://theory.people.com.cn/n1/2016/0111/c136457-28036322.html

"中方倡建亚投行的首要目的和优先重点不是支持中国的国内项目，因此，在亚投行成立初期，中方暂不考虑申请亚投行资金支持。"①

在1月15日，人民网的其他转载报道也大多落脚于亚投行对亚洲国家经济建设的积极推动作用，以及将参加16日开业式的外国国家领导人等。1月16日，人民网发布通稿《习近平关心亚投行建设　推动完善全球金融治理》②，并转载中国日报网《习主席关心亚投行发展纪实》③ 的文章，从2013年10月2日首次倡导设立亚投行，至正式开业成立，记录了习近平对亚投行的关注和将亚投行向全世界推介的努力。

在国内的主要财经媒体中，第一财经在1月17日接连发表两篇文章，讨论亚投行对国家战略和全球金融治理的促进作用。社论文章《亚投行：世界期待的"好金融"》④ 指出，亚投行的成立与"一带一路"倡议互相促进，将从资金方面促进以基础设施建设为核心的"一带一路"。另外，亚投行亦能够帮助亚洲国家改善基础建设、经济发展和民生，提升亚洲国家的互联互通能力；并且，亚投行倡导的国际互惠互利合作，对发达国家来说同样意味着发展机遇，因为发达国家借此可以找到投资机会。文章还强调，亚投行是中国探索世界共同发展的重大举措，标志着中国在塑造全球治理体系方面迈出了第一步。文章引用诺贝尔经济学奖得主罗伯特·席勒的观点指出，金融并非"为了赚钱而赚钱"，金融的存在是为了帮助实现其他的目标，即社会目标；也就是说，金融有足够的潜力塑造一个更加美好、公平和公正的世界，这也是亚投行功能向全球治理上的外溢。另一篇文章《亚投行起航　探路全球基建投融资新模式》⑤ 也对亚投行的成立表达积极肯定态度，认为亚投行将引领新世纪全球多边金融机构的新风潮。

---

① 人民日报海外版文章：http://paper.people.com.cn/rmrbhwb/html/2016－01/15/content_1647788.htm

② 人民网文章：http://world.people.com.cn/n1/2016/0116/c1002－28060315－7.html

③ 人民网文章：http://politics.people.com.cn/n1/2016/0116/c1001－28060174.html

④ 第一财经文章：http://www.yicai.com/news/2016/01/4740087.html

⑤ 第一财经文章：http://www.yicai.com/news/2016/01/4740124.html

③针对外界质疑的回应。

作为国内最重要的外宣媒体,《中国日报》的报道侧重点主要在于对外界质疑的回应。首先,明述国际社会质疑点,该报在 2016 年 2 月 11 日在其网站刊登了题为 *Clearing doubts of otherscan help China get support*[①] 的评论文章,指出国际社会对亚投行存在的质疑包括"setting low-level financing rules, doubt its intentions of Belt and Road Initiative"(金融标准低、一带一路倡议质疑等),《中国日报》文章强调了亚投行是"inclusive and open"(包容、开放)的机构。同时,文章也提到中国在亚投行的占股比例会随成员国加入而逐渐降低,并无意使用否决权。

国内媒体《财经》杂志则在 1 月 16 日通过对亚投行行长金立群的专访,回应了外界对于亚投行治理理念和运营模式的质疑。这篇题为《专访亚投行行长金立群:"不需要回避中国作用,但要墨守成规"》[②] 的文章主要讨论了亚投行的治理理念、组织构架和运营等方面的问题,具体内容包括:如何确保盈利、如何打破责任真空、私人参与方式可多样化、多边机构联合融资的趋势、中国在亚投行中起到的作用以及亚投行对"一带一路"的作用等。

④亚投行运营的具体细节。

从 1 月 18 日起,人民网对亚投行的报道逐步聚焦于银行运营的具体层面,主要议题有,投票规则与投资重点、徽标、首批融资项目等,具体见:《亚投行让"丝绸之路"越走越宽广》《亚投行正式开业,金立群当选首任行长》《亚投行"开业大吉"亚洲和全球经济迎暖流》《亚投行怎么"投":投票有规矩,投资有重点》《亚投行徽标和标志物南艺设计》《亚投行为"金融丛林"注入中国"和"文化》《亚投行正式启航 中国再提供 5000 万美元支持》《亚投行启航出海:中国前期将不申请亚投行项目》《俄方透露俄项目或将进入亚投行首批融资项目》等十余篇文章。

---

① 中国日报文章:http://usa.chinadaily.com.cn/epaper/2016 - 02/11/content_23453107.htm
② 财经杂志文章:http://magazine.caijing.com.cn/20160126/4060972.shtml

### 2. 国内社交媒体

国内社交媒体对此议题的报道和讨论角度更加多元，很多从正反两面进行论证。针对亚投行在微博上的传播，我们以"亚投行""AIIB"为关键词搜索，对2015年5月1日0时至2016年3月6日23时的相关微博信息进行了分析，梳理如下：

（1）亚投行协定签署之前：2015年5月1日至6月26日。

新浪微博在这个时间段内对亚投行的信息发布主要包括亚投行与台湾问题、国家和组织之间的政治博弈和亚投行的战略价值等议题。

①对亚投行成立的欢迎态度。

很多网友对亚投行的成立表示了积极的欢迎态度。比如，2015年5月1日，新浪微博V用户@刘芮东发布："新时代新常态，亚投行建设可以将投资过剩的生产能力通过'一带一路'释放到国外，同时把消费能力通过'自贸区'回吸到国内来"。该条微博被多位大V转发。

2015年5月初，中国台湾国民党主席朱立伦开启访问大陆之行。@头条新闻报道，5月3日朱立伦在上海谈及亚投行时称，台湾民众普遍认为应该参与，但要考虑如何让台湾有正面感受。5月4日，中共中央总书记习近平在北京接见朱立伦，就建设两岸命运共同体提出5点主张，其中第二条表示"愿优先对台湾开放，欢迎加入亚投行"。[①]

5月29日，人民大学重阳金融研究院高级研究员、前英国伦敦经济与商业政策署署长罗思义（John Ross）在《环球时报》撰文，借亚投行对"命运共同体"这一概念做了解读[②]，其本人也在微博（@JohnRoss431）转发了该文。他说："中国的国际项目，如亚投行之所以获得了全球支持，就在于它们为所有参与者带去了益处，而不仅仅有利于其中某个国家。这样一来，各国之间的关系就不再是'零和'。由于两国都从合作中获益，一国的

---

① 头条新闻文章：http：//news. sina. com. cn/c/2015 – 05 –04/140331791149. shtml
② 环球时报文章：http：//opinion. huanqiu. com/opinion_world/2015 – 05/6544462. html

95

收益便不再是另一国的损失。"

②来自美国和日本的挑战。

2015 年 5 月 17 日，@宋忠平北京转发凤凰卫视对美国国务卿克里的专访《欢迎中国成为世界第一大经济体》①，克里表示：不管发生什么，中国将成为世界第一大经济体，我们对此表示欢迎；但是我们希望亚投行建设和其他的一些努力可以透明、可信，遵守世界金融准则。

5 月 23 日，@凤凰财经转发参考消息网报道《安倍欲用"质量"抗衡亚投行》，指出："日本首相安倍晋三 5 月 21 日在由日本经济新闻和日本经济研究中心举办的'亚洲的未来'上提出，要与亚开行合作向亚洲基础设施提供 1100 亿美元的投资。"网友@徐静波微博则呼吁对日本投资亚洲基础设施市场进行理性地认识。

③关于亚投行协定的微博传播。

2015 年 6 月 8 日至 9 日，媒体机构的微博，如@华尔街日报中文网、@每日经济新闻、@华尔街日报中文网等，提前曝光了亚投行章程（拟定于 6 月 29 日发布），并在微博报道中突出了中国在亚投行的"一票否决权"②。

（2）协定签署后到正式成立 2015 年 6 月 29 日至 12 月 15 日。

2015 年 6 月 29 日，《亚洲基础设施投资银行协定》在京签署，微博传播的主要关注点体现在以下方面：

①亚投行的筹建过程以及创始成员国与股权分配比例。

2015 年 6 月 8 日至 9 日，@新浪财经认为，目前亚投行最终的股权结构尚未正式对外公布，不过目前中国、印度和俄罗斯成为前三大股东的格局已经基本浮出水面。@中国新闻网在 6 月 29 日上午 9 点 37 分，报道外媒对亚投行的关注点集中在注资比例和投票权，并援引路透社消息称"亚投行是中国近年来最大的外交成功之一"。@中国新闻网制作了亚投行意向创始成员国名单，供网友参考。

---

① 凤凰网文章：http：//news. ifeng. com/a/20150517/43775195_0. shtml
② 华尔街日报中文网文章：http：//wallstreetcn. com/node/219094

图 3-2　亚投行意向创始成员国名单

2015 年 6 月 29 日上午 10 点 31 分，@新华视点发布公告："亚投行法定股本为 1000 亿美元，域内成员和域外成员的出资比例为 75∶25，域内外成员认缴股本参照 GDP 比重进行分配，并尊重各国认缴意愿。按照协定规定原则计算，中国以 297.804 亿美元认缴股本和 26.06% 投票权居现阶段亚投行第一大股东和投票权占比最高的国家。"此外，@新浪财经除亚投行的股权结构外，还对行长人选较大关注，指出"下一步亚投行最大的悬念之一就是关键职位的人选，担任亚投行多边临时秘书处秘书长的金立群就任亚投行首任行长的呼声最高。"然而，在 6 月 29 日当天，微博用户对亚投行协定的情绪表达，一方面集中在当时股市下跌的愤懑，一方面又对协定的认缴份额和投票权比例提出疑问，如@秦军尚武："认缴占 30.34%，投票权占

26.06%，这是什么路数？"对此，@ziridescent 回复@秦军尚武："投票权由基本投票份额和按照经济体量的份额组成，大国（中印德等）的投票权都是略低于其经济所占的份额。"这体现了微博网友中较为理智客观的声音。

紧接着，6 月 30 日，人民日报社甘肃分社社长@林治波表示："股市暴跌，是国际垄断资本对中国的绞杀、对亚投行的打压，中国政府对此应有足够的认识，并切实拿出抗击之策，以确保中国的国家利益和民众利益。由此还可以得出一个结论，金融自由化应该缓行！"微博网友对此热烈讨论，既有从股市运行的专业角度进行的批评，也有爱国主义思维的言论支持。

②亚投行行长的中方候选人介绍。

2015 年 8 月 24 日，亚投行正式任命中方提名的金立群为首任行长，@新浪财经专门就金立群制作了专题介绍①。微博网友既对金立群流利的外语表示赞赏，也对亚投行行长职位的挑战性表示关切。在接下来的 9 月，微博传播中的主要内容是金立群于 9 月 19 日在新加坡参加会议时关于亚投行的诸多观点，如：一旦得不到国际信贷评级机构的公平对待，亚投行可从国内市场中筹集所需资金，亚投行整体应该盈利以及亚投行项目获得 6%～10% 的回报是合理区间等。

③国际政经外交视角下的亚投行。

2016 年 9 月 27 日，@金融界网站转发媒体报道：白宫宣布中美在亚投行问题上达成了共识，美国支持中国在国际金融体系中起更大的作用。据英国《金融时报》报道，美国已确保中国将对世行以及其他地区性金融机构进行有意义增资，同时中方承诺在主导的亚投行以及其他新兴机构中实施高标准的治理规则。②

10 月份，新浪微博关于亚投行的传播集中在两个方面，一是关于亚投

---

① 新浪财经文章：http://finance.sina.com.cn/spread/time/dalao/2015-07-27/sdch-ifxfhxmk7361105.shtml
② 金融界文章：http://finance.jrj.com.cn/2015/09/27203619871496.shtml

行对亚洲基础设施建设的重要意义，二是英国率先加入亚投行对中国外交的助推作用。此外，在 10 月 22 日，金立群接受媒体专访，澄清了外界关于亚投行的误读，并表示"亚投行依然对新成员开放"。

进入 11 月，中国全国人大对亚投行协定的审议、亚投行正式运营后首批贷款的产业领域和项目等都是亚投行微博传播的主要议题。国家主席习近平在 11 月 18 日 APEC 演讲中正式提出"亚投行将于年底前正式成立，为一批重大项目提供融资支持。"

（3）成立与运营后 2015 年 12 月 25 日至 2016 年 1 月 25 日。

①亚投行正式成立的官方消息。

2015 年 12 月 26 日，媒体微博转发财政部官方消息，截至 2015 年 12 月 25 日，包括中国、德国、英国、澳大利亚在内的 17 个意向创始成员国已批准《亚洲基础设施投资银行协定》并提交批准书，达到《协定》规定的生效条件，亚洲基础设施投资银行正式成立，开业仪式将于 1 月 16 ~ 18 日在京举行。

②亚投行第一次发布会和结算货币所引起的讨论。

亚投行成立的 1 月 16 日和 17 日，国内舆论对亚投行的结算货币较为关心。@环球资讯广播报道称，"1 月 16 日，亚投行正式开业了。一个最令中国人关心的问题，有了正式的回答：亚投行的主要结算货币，将是美元！"对于美元结算还是人民币结算，网友争论较为激烈。

至 1 月 19 日，亚投行开业仪式闭幕。其间，从习近平对亚投行的战略支持，到金立群在发布会展示的英语口音以及个人成长史都被社交媒体关注。社交媒体总体上呈现出对亚投行未来发展的信心，金融人士和专业媒体机构都在积极有利的基调上对亚投行进行解读和分析，也有一些网民因为种种原因看衰亚投行，但相比之下，他们的分析和评论得到网友的反馈较少。

③知乎网站的讨论情况。

知乎是社交网站中另一个讨论亚投行的主要舆论场，以亚投行为关键词搜索，可以找到 118 个精华问答。从时间上来看，亚投行筹备及签署协定阶段是话题最热时期，文章集中发表在 2015 年上半年。而从内容上来看，网友讨论以常识普及和深度分析为主，自媒体作者表达对此的观点和看法，延伸到亚投行意义和目的的探讨，并加入全球化的视角，分析其对全球经济的影响以及对政经格局变化的观察。不同于社交媒体消息的及时性和碎片化，知乎的讨论更倾向于个人的意见抒发和分享。

例如，《如何看待中国建立亚投行背后的战略意图?》[1] 一文中，作者认为人民币国际化、丝绸之路计划的大规模融资、国内基础设施建设过剩的产能输出，这三点是相辅相成的。又如，《亚投行投资的是具有公共属性的基础设施吗? 如果是，它该如何盈利?》[2] 一文，作者解释亚投行确实是投资基础设施的国际机构，更像一个基金会，成立的目的是以投资资金换取政治利益，完善基础设施为后期投资辅路并拉动过剩的产能。

综上，亚投行在国内社交网络上的传播，微博占据了很大部分，关注群体包括专业财经媒体、金融机构（银行、证券投资机构）、经济学家、相关从业者和普通网民。民众参与较活跃，关注点也较为分散。而知乎则以科普目的为主，从较浅显的角度介绍了亚投行的成立背景和过程。整体上来看，国内新媒体及社交网络对亚投行的成立持积极乐观态度，对国家综合实力的增强怀抱信心。

## （三）亚投行国外媒体报道基本面分析

### 1. 国际主流媒体与财经媒体

国外媒体的报道从数量上来看大大低于国内媒体，多数报道并没有对亚投行的来龙去脉及运行规则进行详述，也有些文章中提出了对亚投行的质疑，并将其与世界银行及国际货币基金组织做对比。对此，本研究按照亚投

---

① 知乎文章：https://www.zhihu.com/question/28839037
② 知乎文章：https://www.zhihu.com/question/28961545

行协议签订、成立、运营三个时间段进行了梳理。

（1）协议签署之前及 2015 年 6 月签署落实阶段。

2015 年 6 月 29 日，《亚洲基础设施投资银行协定》签署仪式在北京举行，亚投行 57 个意向创始成员国财长或授权代表出席了签署仪式。在亚投行协议签署的这一阶段，国外媒体的分析大都集中在中美关系和中国对国际秩序的改变方面。国外主流媒体与财经媒体的新闻报道聚焦于以下几方面：

①介绍亚投行成立的基本情况与各国立场。具体来看，在协议签署的 2015 年 4 月到 5 月，舆论关于亚投行的讨论非常热烈，在此期间，《经济学人》发表多篇文章。2015 年 5 月 13 日，《经济学人》网站发文，题为 *American Poodle to Chinese Lapdog? America and Britain at odds over how to deal with China*[①]，主要讨论了英美对于亚投行的立场。文中谈到，英国申请加入亚投行的决定与其以往的外交决策不同。英国难得与其最亲密的盟国美国产生分歧，而且，赞同中国这个正在崛起的超级大对手的提议，也是前所未有的。美国在欧洲、亚洲的多个盟国都选择加入亚投行。但美国对于加入亚投行持否定态度，美国不断强调亚投行这样一个国际性组织遵守国际准则的重要性。文章认为，英国加入亚投行的决定是为了弥补卡梅隆会见达赖喇嘛对中国造成的伤害。

5 月 21 日，《经济学人》网站又发表题为 *The Infrastructure Gap：development finance helps China win friends and influence American allies*[②] 的长篇文章，继续对中美关系、欧盟国家和中亚国家的态度进行讨论。文中谈到，中美之间存在多种形式的战略竞争，迄今，双方也未分出胜负。然而，在倡导建立亚投行方面，中国胜出了，而且得到了美国亲密同盟的支持。英国、法国、德国、意大利等国先后表示加入亚投行，作为初始成员国，卢森堡和瑞士等

---

[①]　经济学人文章：http：//www.economist.com/news/business-and-finance/21646352-america-and-britain-odds-over-how-deal-china-american-poodle-pekinese-lapdog

[②]　经济学人文章：http：//www.economist.com/news/asia/21646740-development-finance-helps-china-win-friends-and-influence-american-allies-infrastructure-gap

其他欧洲国家也在考虑加入。但美国对亚投行仍然表示怀疑，并在初期试图阻止其亚洲盟友加入 21 个创始成员国。但已经加入的国家表示，中国无论如何都会发起成立 AIIB，最好早点进入其中，能够对其治理产生影响。文章认为，中国倡导建立亚投行，重要原因是中国的外汇储备量居全球第一，中国急于将外汇储备转换成为"软实力"，因此中国提议，不仅要建立 AIIB，还要建立一个包括所有金砖国家在内的新的发展银行，以及一个丝绸之路发展基金，促进中国与中亚邻国的联系。

5 月 30 日，《经济学人》杂志发表题为 *To Join or Not to Join：Will Japan land its muscle to China's new Asian infrastructure bank?*① 的文章，再次讨论日本对于亚投行的看法。当欧洲国家纷纷表示要加入亚投行的时候，日本与美国一样感到困惑。日本下一次决定是否加入亚投行的机会是 6 月，那时，意向成员国将签署亚投行协定。

同意日本加入亚投行的人士认为，此举将有利于缓和中日关系。但安倍仍对亚投行怀有深深的疑虑，认为亚投行是中国扩张其战略和经济实力的途径。而日本的同盟国美国并不想加入亚投行，这对日本的决定也产生了影响，日本可能会等几个月才能决定是否加入。即便如此，中日之间仍然展开了多次关于如何促进亚投行借款标准的磋商。

在协议签署当天，彭博新闻社发表了题为 *China Secures Veto Power as Members Sign Up to New Bank*② 的消息文章，介绍了 57 个国家的签署情况，中国作为最大股东，投票权占 26.06%；为确保亚投行的亚洲属性，《协议》规定 9 名董事来自域内国家，3 名来自非域内国。同时，文章也强调，亚投行成为中国发展"一带一路"的另一个平台。

同日，BBC 中文网发表了《亚投行：积蓄鼎足之势辐射中国影响》③ 和

---

① 经济学人文章：http：//www. economist. com/news/asia/21652351-will-japan-lend-its-muscle-chinas-new-asian-infrastructure-bank-join-or-not-join

② 彭博社文章：http：//www. bloomberg. com/news/articles/2015 – 06 – 29/china-secures-veto-power-as-members-sign-up-to-100-billion-bank

③ BBC 文章：http：//www. bbc. com/zhongwen/simp/china/2015/06/150629_aiib_china_influnce

《亚投行在北京举行协议签署仪式》① 两篇文章，都从客观中立的角度报道了亚投行在北京的成立。

协议签署后第二天，《纽约时报》发表了题为 *Xi Hosts 56 Nations at Founding of Asian Infrastructure Bank*② 的长篇报道，这也是《纽约时报》在这一期间唯一一篇关于亚投行的文章，整体立场中立客观，除了介绍亚投行成立的基本情况之外，着重报道了经济金融业和各国的不同态度。该报指出，从美国和日本两国缺席亚投行签约仪式可以看出，美国政府担心由西方设计的全球金融体系会被新的成员打破。澳大利亚作为奥巴马政府的盟友，曾经被奥巴马政府极力游说远离亚投行，然而澳大利亚却是第一个签约加入亚投行的国家，并且澳大利亚将会成为亚投行的五个大股东之一。

各大世界性银行对亚投行的成立持支持态度。世界银行行长金镛对亚投行的成立表示欢迎，亚洲开发银行也主动提出要与亚投行一起携手贸易。欧洲复兴与发展银行行长 Suma Chakrabarti 表示，欧洲复兴与发展银行和亚投行有重叠的成员，这是一个"巨大的"潜力，可以有所作为并取得进展。

亚投行的参与国也对中国起到的作用表达了赞赏和期待。由于中国是最大股东，前美国财政部官员 David Dollar 表示，美国和它的盟友对于金立群来担任银行的负责人表示认可。丹麦驻华大使 Friis Arne Peterse 表示，各国期待看到亚投行在扶贫、环境、气候等各个项目中发挥积极的作用。

文章也针对亚投行的管理层选拔机制进行了报道，并引用了世界银行前法律顾问 Ko – Yung Tung 的评论——此举意味着中国不希望在亚投行内有太多的官僚主义，表达了对亚投行管理层的态度。

②对中国在亚投行中所担任的角色与作用的评论。协议签署前，福布斯于 2015 年 4 月 30 日发表了题为《亚投行与美国领导权》③ 的报道，主要从

① BBC 文章：http://www.bbc.com/zhongwen/simp/china/2015/06/150629_china_beijing_aiib
② 纽约时报文章：http://www.nytimes.com/2015/06/30/world/asia/xi-jinping-of-china-hosts-nations-at-asian-infrastructure-investment-bank-founding.html
③ 福布斯文章：http://www.forbes.com/sites/danielrunde/2015/04/30/aiib-us-development-leadership/#3a1b803c7b19

美国视角分析了亚投行迅速崛起的原因，包括美国没有通过 IMF 配额改革方案、美国能源制度限制了对外能源基础设施投资等。文章认为，亚投行实践中有很多潜在问题，中国需要肩负起与领导权相应的责任，解决好投资回报、劳动力者权利、反腐败等问题。

BBC 在 6 月 28 日发表 *China-led development bank in focus*[①] 一文，简要报道了 29 日将进行协议签署，着重突出了亚投行的成立被看作是世界银行的潜在竞争对手。协议签署当日，BBC 发表了 *China-led AIIB development bank holds signing ceremon*[②] 一文，聚焦于中国在亚投行中的地位，和亚投行的成立对于中国本身、中美关系，以及世界政治、经济、外交的影响，描绘了一个完全为了自身经济利益而崛起的中国形象。

6 月 30 日，彭博社发表文章 *China Will Treat AIIB Minority Shareholders Fairly, Hockey Says*[③]，侧重介绍了亚投行中的前五个重要盟友以及各自的股权占比以及澳大利亚财务主管 Joe Hockey 的观点。Hockey 表示，亚投行的小股东不会受到中国的欺压，中国会平等对待所有的股东国。虽然中国现在是第一大股东，对于很多决策具有一票否决权，如果美国日本也加入亚投行，股权将会被稀释。文章整体态度积极乐观，重点在表明中国在亚投行中扮演着公平的角色。

③亚投行对中国国际影响力提升与国际秩序的改变。在英国于 2015 年 3 月宣布加入亚投行后，CNN 刊文指出，英国的加入使亚投行这个刚开始看起来是"妄想"的计划获得了更大的影响力。文章评论指出，"仅仅在几个月前，北京建立新世界银行的计划听起来还像是一个堂吉诃德式的愿景。而在英国率西方众国之先宣布加入这个中国主导的金融机构之后，其他国家宣

---

① BBC 文章：http：//www.bbc.com/news/business-33306154
② BBC 文章：http：//www.bbc.com/news/world-asia-33307314
③ 彭博社文章：http：//www.bloomberg.com/news/articles/2016－01－17/china-led-aiib-will-have-compliance-unit-to-oversee-management

布加入的消息也纷至沓来。"①

　　在亚投行协定签署前期的 2015 年 6 月 1 日，《金融时报》发文预测，认为中国是在有意地制定规则："就如伦敦咨询公司 Trusted Sources 所说的，北京正在调动其全部的经济、金融和外交力量，推动从自身边界到中东、非洲和欧洲的欧亚一体化进程。这构成了一个相当大的势力范围。"同时《金融时报》6 月 9 日刊文指出，美国反对亚投行是一个战略性错误，文章认为亚投行可以帮助世行和地区性银行分析它们的治理实践和控制成本。竞争可以是良性且具有启迪作用的，这是美国强大的外交资产，不应该被白白浪费。在协定刚刚签署的 2015 年 6 月 30 日，《金融时报》发文认为美国没有必要视中国为敌人，因为无论是将中国定义为对手，或是不可避免的潜在对手，这一策略对巩固美国及其盟国的安全都会收效甚微。

　　路透社在协议签订前夕的 6 月 28 日发表 China-backed multilateral bank to take concrete shape this week 一文，介绍了签订协议前期的各国状况与相关的背景知识，着重提出了亚投行及中国在未来世界秩序中的重要位置。同日 China says to hold 30. 34 pct stake in AIIB development bank 一文则聚焦于中国在亚投行中的地位。在协议签署后的 7 月 3 日，China's CIC sovereign fund says ready to work with AIIB 一文报道了中国中投公司（China Investment Corp）将与亚投行合作，准备展开相关工作。

　　6 月 29 日，《华盛顿邮报》（Washington Post）发表了题为 China launches development bank for Asia, calls it first step in "epic journey" 的中长篇报道。除了对签署仪式和亚投行进行介绍和事实陈述外，文章还评价了亚投行成立的意义，表示成立亚投行是中国旨在推动国内经济发展、构建一套金融体系的重要举措，但仍难以真正撼动以美国为首的国际金融秩序（The AIIB, however, is unlikely to rewrite the global financial order, in which the United States and the dollar, as the global reserve currency, dominate.）。除此之

---

　　① CNN 文章：http://money. cnn. com/2015/03/30/news/economy/china-asian-infrastructure-invest-ment-bank-aiib/

外，文章后半部分还用学者的观点引出了亚投行如何确保资金有效利用的问题。①

《南华早报》在 6 月 29 日也发表了关于亚投行协议签订的消息，称中国暂时占亚投行的最大投票权，并引述协定内容："只要至少有 10 个签署方批准且签署方初始认缴股本不少于认缴股本总额的 50%，就可以确保亚投行今年年底正式开张。"在此前的 6 月 26 日，该报就已发文《亚投行"基本大法"达共识，下周一签协定》② 为亚投行协定的签订造势。7 月 4 日，《南华早报》发出社论《懂得妥协，规范操作，是亚投行成本之根本》③，文章认为，亚洲经济的腾飞使得亚投行的成功是可以预测到的，并且随着亚投行的成立，中国的国际影响力将更进一步扩大。

④讨论美国对亚投行成立应持有的立场。2015 年 4 月 2 日，福布斯网站发表文章 China And The US：The AIIB：America's Colossal Loss Of Face④，指出美国未加入亚投行是"丢脸"之举。文章认为，中国主导成立亚投行的直接原因在于，中国希望西方主导的世界银行、IMF 等国际金融组织的影响力减弱。亚投行抓住了亚洲发展中国家在基础设施建设上的巨大需求，吸引了美国最亲密的欧洲盟友加入。亚投行不仅侵蚀了美国在金融领域的硬实力，还挑战了美国在领导权和国际声望方面的软实力。

而在协定签署后一周的 7 月 7 日，《财富》杂志（Fortune）发表了题为 What's missing from Obama's pivot to Asia? 的评论文章，表达了"美国加入亚投行将为世界经济带来支持"的观点（The U. S. may have its hesitations，but joining the Asian Infrastructure Investment Bank would give the nation an impor-

---

① 华盛顿邮报文章：https：//www. washingtonpost. com/world/china-launches-infrastructure-bank-first-step-in-an-epic-journey/2015/06/29/e7d8bd7a-ca11-46fa-9bad-15ba856f958c_story. html

② 南华早报文章：http：//www. nanzao. com/tc/international/14e2ec315e78b81/ya-tou-hang-ji-ben-da-fa-da-gong-shi-xia-zhou-yi-qian-xie-ding

③ 南华早报文章：http：//www. nanzao. com/tc/national/14e4e4e9456d0fc/she-lun-dong-de-tuo-xie-gui-fan-cao-zuo-shi-ya-tou-hang-cheng-ben-zhi-gen-ben

④ 福布斯文章：http：//www. forbes. com/sites/jplehmann/2015/04/02/china-and-the-us-the-aiib-fiasco-americas-colossal-loss-of-face/#e4bd48a17a64

tant stake in global economy...）。文章认为，加入或明确支持亚投行有助于美国巩固在亚洲金融市场中的地位和话语权，但美国政府显然应该采取更多切实的举措来参与其中。①

（2）2015 年 12 月亚投行正式成立阶段。

与签署和正式运营阶段相比，这一时期的媒体报道数量较少，议题主要集中在这一事件的进程及世界相关各国的经济金融政策调整等。主要国外综合媒体与财经媒体的新闻报道如下：

①亚投行成立事件进程。路透社对于此阶段的报道相对密集。12 月 25 日亚投行成立当天，*China says AIIB up and running early in the new year*② 一文报道了亚投行成立现场及前后的详细进程。同一天的 *China says "clean, green" AIIB up and running in the new year*③ 则阐述了亚投行的相关理念及成立初衷等。12 月 30 日，路透社又报道了菲律宾将加入亚投行的消息 *Philippines to join China-backed AIIB infrastructure bank*④。同样，在 12 月 31 日⑤，《南华早报》也报道了菲律宾将加入亚投行的消息。

②亚投行成立对中国国家经济战略与世界经济秩序的积极影响。12 月 11 日、19 日、22 日，BBC 分别刊文 *IMF reforms clear last hurdle with US adoption*⑥，*China remains biggest challenge for US*⑦，*China power audit：The hard and the soft*⑧，详细报道了亚投行的成立，指出亚投行成立使中国"威胁"到了美国的经济地位和世界影响力。

---

① 财富文章：http：//fortune. com/2015/07/07/whats-missing-from-obamas-pivot-to-asia/？ iid = sr-link3

② 路透社文章：http：//www. reuters. com/article/us-asia-aiib-establishment-idUSKBN0U80HH2015 1225

③ 路透社文章：http：//www. reuters. com/article/asia-aiib-establishment-idUSL3N14E1TF20151225

④ 路透社文章：http：//www. reuters. com/article/us-asia-aiib-philippines-idUSKBN0UD0AT20151230

⑤ 南华早报文章：http：//www. nanzao. com/tc/international/151f5d806ec0e56/fei-lv-bin-da-shang-ya-tou-hang-mo-ban-che-he-nan-hai-zheng-yi-wan-quan-wu-guan

⑥ BBC 文章：http：//www. bbc. com/news/business – 35141683

⑦ BBC 文章：http：//www. bbc. com/news/world-us-canada – 35040851

⑧ BBC 文章：http：//www. bbc. co. uk/news/explainers – 35100098

《南华早报》在 12 月 29 日关于中国财政工作的评论中总结道，"一带一路"和亚投行项目的运行是中国大陆 2015 年财经领域的重要工作。①

③美国为应对亚投行冲击而做出的反馈。12 月 17 日、21 日，《金融时报》分别刊文《美国向批准 IMF 改革迈出一步》②、《IMF 改革终获美国国会放行》③，详细报道了美国为了应对亚投行所带来的冲击而做出的反馈。

（3）2016 年 1 月亚投行开业运营阶段。

这一期间，国际综合媒体与财经媒体报道的基本方向是介绍亚投行的运行方式、高层任命等问题。这些报道主要集中在以下方面：

①亚投行的管理运营工作。2016 年 1 月 17 日，彭博新闻社发表文章 *China - Led AIIB Will Have Compliance Unit to Oversee Management*④，介绍了亚投行的管理工作、资金政策和董事会成员等情况，文章整体态度积极乐观。

《金融时报》在 1 月 18 日发文介绍了亚投行的结算方式⑤，陈述亚投行已排除用美元以外的货币放贷，这个信号表明北京方面不会把亚投行当作一个推动人民币国际化的平台。1 月 16 日和 1 月 28 日，《英国财政部前高官将出任亚投行副行长》⑥ 及《英国提名的亚投行副行长让中国失望》⑦ 报道了亚投行高层的人事变动及中国方面的反应。2 月 5 日⑧，又报道了亚投行公布五名副行长的人选及分工问题。

《南华早报》在 1 月 15 日，亚投行开业前夕，发表预告消息⑨，称初期

---

① 南华早报文章：http://www.nanzao.com/tc/national/151e8b6cda3e1fb/2016-cai-zheng-gong-zuo-ti-sheng-guo-ji-jin-rong-guan-zhi-hua-yu-quan-tui-jin-ying-gai-zeng-wei-ti-fang-chan-shui

② FT 文章：http://m.ftchinese.com/story/001065326#ccode = iosaction

③ FT 文章：http://m.ftchinese.com/story/001065378#ccode = iosaction

④ 彭博社文章：http://www.bloomberg.com/news/articles/2016 - 01 - 17/china-led-aiib-will-have-compliance-unit-to-oversee-management

⑤ FT 文章：http://m.ftchinese.com/story/001065792#ccode = iosaction

⑥ FT 文章：http://m.ftchinese.com/story/001065933#ccode = iosaction

⑦ FT 文章：http://m.ftchinese.com/story/001065956#ccode = iosaction

⑧ FT 文章：http://m.ftchinese.com/story/001066118#ccode = iosaction

⑨ 南华早报文章：http://www.nanzao.com/tc/international/1524336a7507563/ya-tou-hang-ming-kai-ye-guan-mei-chu-qi-zhong-fang-bu-shen--dai-jiang-qiao-dong-jin-rong-gang-gan

中方将不申请贷款，希望撬动金融杠杆。同日，路透社在 *China to invest additional MYM50 million in AIIB – President Xi*① 一文中报道了中国对于亚投行的建设基本情况。1 月 18 日②，《南华早报》刊文探讨台湾加入亚投行的问题，称在前一天召开的亚投行首次新闻发布会中，亚投行行长金立群表示，对于不享有主权的申请方应有对其国际关系负责的银行成员同意，或代其提出加入申请。

②亚投行对国际秩序重建的促进作用不容忽视。1 月 16 日，BBC 转载了 YouTube 视频 *Chinese President Xi calls AIIB's launch 'historical moment'*③，而 BBC 中文网则报道了《亚投行正式开业 公布理事会主席和首任行长》④，二者都引用了习近平主席的原话，表明亚投行的成立将对亚洲乃至世界经济产生重要影响。文中强调，"亚投行成立并开业将有效增加亚洲地区基础设施投资，推动区域互联互通和经济一体化进程，也有利于改善亚洲发展中成员国的投资环境，创造就业机会，提升中长期发展潜力，对亚洲乃至世界经济增长带来积极提振作用。"

1 月 17 日，路透社发布 *Russia expects AIIB to approve first loan in H1 - deputy PM*⑤ 一文，介绍了成员国特别是俄罗斯对于亚投行的期望。同一天另一篇文章 *China launches new AIIB development bank as power balance shifts*⑥ 也指出了亚投行其实是中国重建国际秩序的重要一步。1 月 18 日，*China's AIIB to rival World Bank?*⑦ 一文认为中国组织成立的亚投行实际上是在向世界银行挑战。

---

① 路透社文章：http://www.reuters.com/article/asia-aiib-investment-idUSB9N13602M
② 南华早报文章：http://www.nanzao.com/tc/business/152532f36220d7b/tai-neng-fou-ru-ya-tou-hang-jin-li-qun-wu-zhu-quan-shen-qing-fang-xu-huo-fu-ze-fang-tong-yi
③ BBC 转载：https://www.youtube.com/watch? v = Vm_voFXv8B8
④ BBC 文章：http://www.bbc.com/zhongwen/simp/china/2016/01/160116_aiib_start_operation
⑤ 路透社文章：http://www.reuters.com/article/asia-aiib-loans-idUSL8N15203L
⑥ 路透社文章：http://www.reuters.com/article/us-asia-aiib-investment-idUSKCN0UU03Y
⑦ 路透社文章：http://www.reuters.com/video/2016/01/18/chinas-aiib-to-rival-world-bank? videoId = 367077151

同日,《华尔街日报》发表文章 *China-Led Development Bank AIIB Will be Lean, Clean and Green, Says its President*①,从亚投行发言人金立群在一月份达沃斯世界经济论坛的发言谈起,讨论了亚投行建立的意义是设立不同于美国和日本主导的世界银行和亚洲开发银行的银行机构。有些人担心亚投行会被中国政府用来实现"一带一路"的目标,文章引用了金立群的观点并否认这种看法,并指出亚投行是为了不同国家之间实现平衡。

1月19日,《南华早报》刊文《对决未来,中西发展模式谁领风骚》②,认为除非西方自省,否则欧亚大陆和世界其他重要地区的未来就会落在中国手中,而中国的发展模式也将独大,亚投行和"一带一路"都是这个模式中的重要部分。

③对于中国设立亚投行原因和独立性的质疑。对于中国提出设立亚投行的原因,CNN 在 2016 年 2 月 5 日发表的文章中称是出于在世界银行缺乏话语权,认为"中国政府提议设立亚投行的原因,是出于其在美国主导的世界银行和日本主导的亚洲发展银行体系中所处的弱势地位的不满"。③

与之相似,《华尔街日报》在亚投行开业运营后也发表文章 *China-Led Development Bank Opens for Business*④,介绍了亚投行成立的目的是与分别由美国和日本主导的世界银行和亚洲开发银行抗衡。文章整体态度平衡中立,指出中方主导的亚投行将起到改善和完善世界金融秩序的作用。然而,文章也认为,亚投行成立之后将面临诸多困难,在亚投行开始为项目提供融资时,该行需要向外界展示,其运营过程中不会出现削弱中国国内银行业信誉的做法,亚投行还需要展示出该行运营不受中国政府影响的独立性,例如远

---

① 华尔街日报文章: http://www.wsj.com/articles/china-led-development-bank-will-be-lean-clean-and-green-says-head-1453479933

② 南华早报文章: http://www.nanzao.com/sc/opinion/15253f7783f3799/dui-jue-wei-lai-zhong-xi-fa-zhan-mo-shi-shui-ling-feng-sao-

③ CNN 文章: http://money.cnn.com/2016/02/05/news/economy/danny-alexander-uk-china-aiib-bank/

④ 华尔街日报文章: http://www.wsj.com/articles/china-led-infrastructure-bank-set-for-debut-1452861800

离旨在支持中国企业和实现中国对外政策目标的项目等。

雅虎财经在 2 月 26 日刊文 *New bank another BRICS in Beijing's diplomatic wall*① 介绍金砖五国新发展银行时，也提到了对亚投行的质疑。文章提到，金砖五国新发展银行中每个国家占 20% 的股权，与亚投行相似，总部也设置在北京。文章介绍了中国领导积极吸引来自欧洲中东的投资用于发展中国家的基础设置建设的举措，但是作者认为这种行动具有经济和政治的不确定性。

④批评美国对于亚投行成立的消极立场。2016 年 1 月 15 日，《华盛顿邮报》发表题为 *Let China win. It's good for America.* 的评论性文章。文章介绍了美国及其国际盟友对亚投行和"中国威胁论"的担忧，认为美国政府对这些"潜在威胁"过分担忧，政府的不当反应可能有损美国国家形象和利益。②

## 2. 国外新媒体与社交媒体

国外新媒体中，最早发文并对亚投行提出质疑的是新媒体网站 Quartz，其在 2015 年 3 月刊文 *All of the countries joining China's alternative to the World Bank*③ 指出，美国对亚投行的质疑主要在其透明性、是否可以遵行国际标准、债务的可持续性、中国所面临的环境和社会问题以及其是否会成为中国的外交武器等。

作为深受欢迎的财经新媒体网站，Business Insider 发表了多篇消息报道亚投行的签约和成立。协定签署前期的跟踪报道多为消息，文章简短，新闻

---

① 雅虎财经文章：http://news.yahoo.com/bank-another-brics-beijings-diplomatic-wall-184330466.html；_ylt = AwrXnCddL99WQQQAoK3QtDMD；_ylu = X3oDMTByc3RzMXFjBGNvbG8DZ3ExBHBBHBvcwM0BHZ0aWQDBHNlYwNzcg—

② 华盛顿邮报文章：https://www.washingtonpost.com/opinions/let-china-win-its-good-for-america/2016/01/14/bfec4732 – b9b6 – 11e5 – 829c – 26ffb874a18d_story.html

③ Quartz 文章：http://qz.com/372326/all-the-countries-that-are-joining-chinas-alternative-to-the-world-bank/

点清晰明了，无深度评论，语言客观准确，以时间发展为主线，横向覆盖各大重要节点事件，符合新媒体网络平台用户的阅读习惯。如：

筹建亚洲基础设施银行备忘录签字仪式：*China-led AIIB will be lean, clean and green official, China will be the largest shareholder in the MYM100 billion Asian Infrastructure Investment Bank*；

创始成员国在新加坡的会晤：*China-backed AIIB founding members to meet in Singapore this week*；

丹麦申请加入 AIIB：*Beijing says Denmark applies to join China-backed AIIB investment bank*；

澳大利亚对 AIIB 的表态：*Australia says it's ready to join China's new bank, but wants to know how much power Beijing would have*；

签署协议当天引用财政部长话语：*China's finance minister says he's confident that its new bank can start functioning before year end*；

国际货币基金组织的表态：*The IMF says it would be "delighted" to cooperate with China's new bank*。

在亚投行正式成立和开业运营阶段也各有一篇短消息报道 *China says AIIB up and running early in the new year, China's World Bank-rival just opened its doors*。两篇消息报道关注新闻事件本身，陈述事实，无其他评论分析，配合当天新闻图片，篇幅短小。

而在国外的主要社交媒体网站 Facebook 和 Twitter 上，关于亚投行消息的主要发布来源是我国的外宣媒体，以央视新闻 CCTV News、新华社 Xinhua News Agency 和《中国日报》（China Daily）这三个账户为主。其他外国媒体以转发和评论我国外宣媒体的消息为主。

## （四）亚投行议题的相关报道与传播情况分析

本研究通过使用彭博商业数据终端的新闻追踪功能，以"亚投行"为关键词，对全球范围内主要媒体机构的相关新闻报道进行了数据统计。从数量上来看，有关亚投行的媒体报道，在三个时间点呈现比较明显的峰值，分别是：2015 年 6 月 29 日，报道数量为 169 篇；2015 年 12 月 22 日，报道数量 22 篇，到 12 月 30 日，又呈现一次高峰，为 24 篇；第三次峰值出现在 2016 年 1 月 16 日，报道数量为 88 篇。

　　将亚投行成立这一大事发生期间的媒体报道数量与其关键时间点进行对照后，发现在亚投行最重要的新闻发生当日，媒体新闻报道数量都会出现高峰。

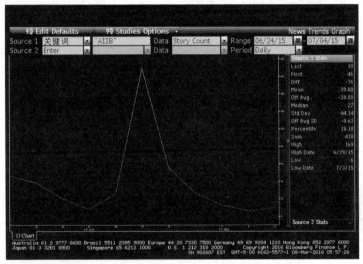

图 3 – 3　2015 年 6 月 24 日 ~7 月 4 日的报道趋势①

　　具体来分析，2015 年 6 月 29 日，《亚洲基础设施投资银行协定》签署仪式在北京举行，57 个意向创始成员国中的 50 个国家正式签署了《协定》。这是亚投行事件发生过程中的重要事件，因此，6 月 29 日当天，媒体报道呈现最高的峰值 169 篇，如图 3 –3 所示。次日，当该事件的热度稍稍减弱

　　①　数据来源：Bloomberg Business Terminal，News Track

后，媒体报道数量呈现比较明显的下降，为54篇。

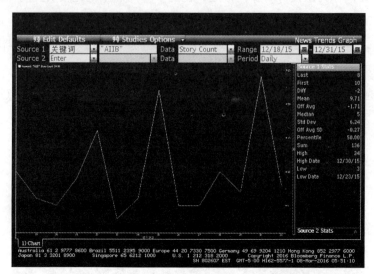

图3-4　2015年12月18日~12月31日的报道趋势①

　　2015年12月25日，亚投行正式成立。这是亚投行事件产生的阶段性成果。因此，在该事件前后10天左右，媒体报道呈现比较稳定的关注度，媒体关注热度持续时间较长，没有明显的降温，而且在这段时间内，报道的数量比较稳定，没有出现显著的增加或减少。从图3-4可以看到，从12月22日起，媒体报道增长到16篇，直到22日达到22篇，再到30日，犹豫半年多的菲律宾终于宣布正式签署《协定》，成为亚投行57个初始意向国中最后一个签署协定的国家，此时，这一热点继续引发媒体关注，报道数量达到另一个峰值。

　　图3-5所示的另一个报道数量高峰出现在2016年1月16日，亚投行开业仪式如期在北京举行，持续三天，这标志着800多天的亚投行筹备工作就此收官，亚投行正式开张运营。媒体的关注度在此时再次达到高峰。但相

① 数据来源：Bloomberg Business Terminal，News Track

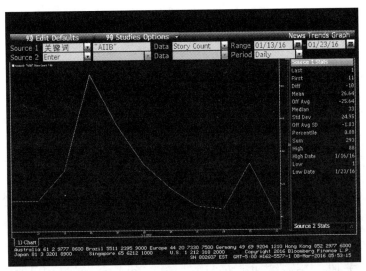

图 3 - 5 2016 年 1 月 13 日 ~ 23 日的报道趋势①

比于亚投行成立时的 169 篇报道数量，此时的 88 篇数量较少，具体原因有二：一方面，由于亚投行事件持续时间较长，前期对于亚投行的报道已比较充分，此时媒体关注度有所减弱是合理的。另一方面，亚投行协议签署时，初步决定亚投行成立仪式将于 2016 年 1 月 16 日至 18 日举行，已无悬念。而亚投行协议正式签署时，媒体和受众都不确定最终有多少初始意向国签署正式协议，悬念较多，引发的媒体关注更多也是合理的。在此期间，媒体报道的数量比较稳定地减少，直到 1 月 22 日，报道数量减少到 37 篇，舆论热度降低。

## （五）对亚投行议题的相关报道与传播情况的总结与建议

从上述对中外媒体对亚投行成立的报道与信息传播中可以看出，不论是国际媒体还是国内媒体，对于亚投行的报道大多持相对积极乐观的态度。一

———————————

① 数据来源：Bloomberg Business Terminal，News Track

115

方面，鉴于世界各国的参与度和金砖国家对于世界金融体系的变化的强烈呼吁，亚投行的成立本身具有经济意义和国际影响，这使得这一议题具有较强的正面导向。尤其是以往对中国经济议题总是持批判态度的一些国外媒体，在此次亚投行的报道中也大多注重观点引用的多元与平衡，整体态度中立。例如，在阐述亚投行定位的官方立场时，Quartz 引用了金立群行长的解读："是银行而非政治机构"或政治联盟，（AIIB is a bank, not a political organization or political alliance）。① 除此之外，还多引用分析机构的观点，如 CNN 在 *Score one for China*！*U. S. loses Asia bank tussle*② 一文中引用政治风险咨询公司欧亚集团（Eurasia Group）的分析，认为亚投行是对现存国际金融组织的补充，不会成为外交工具。

另一方面，国内外舆论广泛的乐观态度与我们宣传工作力度的加强也密切相关。新华社、人民网和《中国日报》在其系列报道中，不断引用国家主席习近平的讲话和亚投行行长金立群接受采访，表明了中国在其中所起的作用，特别是与国际社会其他国家共同发展合作的决心。对于亚投行运营的细节问题，国内媒体也有多篇跟进报道。《财经》杂志对金立群的专访文章为经济金融界的专业人士详细介绍了亚投行的管理运营机制。《中国日报》的系列文章也及时针对来自美国、日本的质疑声音做出了回应，对于一些"阴谋论"、"中国威胁论"的怀疑也做出了明确而有力的澄清。

此外，相对于 SDR 议题的报道，我国的外宣媒体机构在亚投行的报道中也加大了社交媒体的宣传力度，部分关于亚投行的文章得到了较高的转发和点赞率。

总体来看，国内和国际社会整体对亚投行持正面态度，但是，亚投行建设与发展是具有长期影响力的国际经济事件，需要我们对其进行持续关注。

---

① Quartz 文章：http://qz.com/383956/half-of-the-eu-and-all-of-asean-are-now-members-of-chinas-alternative-to-the-world-bank/

② CNN 文章：http://money.cnn.com/2015/03/30/news/economy/china-asian-infrastructure-investment-bank-aiib/index.html？iid = HP_LN

在经济传播工作中，需要结合亚投行发展的特点，从以下几个方面进行规划
与布局：

第一，要充分认识亚投行建设在国家战略与国际秩序层面的重大意义。
亚投行是国家"一带一路"长期战略规划的重要布局之一，其以基建为主
的对外投资，将为"一带一路"倡议提供至关重要、互联互通的物质基础。
作为跨越亚洲、欧洲和拉美地区的国际性多边金融机构，亚投行将对以美元
为主导的国际金融秩序形成完善和补充，是对国际金融体系和决策体系的改
革与重塑。中国作为成立亚投行的倡导者所发挥的引领作用，将成为中国经
济实力、国际话语权与影响力的有力证明和体现，为未来中国的国际发展做
了很好铺垫。因此，在未来的经济传播工作中，应深入阐述和大力宣传亚投
行建设的深刻意义。

第二，与以往经济事件不同，亚投行建设发展是一个长期性系统性的经
济议题，其传播工作也需要形成系统化的长期战略。从筹备、签约、成立到
正式运营，亚投行经历了两年多的时间，而其后续运行效率和实际国际影响
力都将成为未来长时间内媒体和民众的关注焦点。因此，在今后的经济传播
工作中，要结合亚投行的发展目标和核心任务，制定整体传播战略与系统实
施方案，明晰传播目标与阶段重点。

第三，要充分认识到亚投行的专业性，并针对可能引爆舆论的关键点进
行预测和分析。亚投行发展作为专业度高、重要性强、涉及范围广的经济议
题，将会面对诸多的舆论关注点，甚至是引爆点。未来的经济传播工作需要
多角度梳理分析，找出重要的舆论关键点。同时，也要对各舆论点做好充分
预估，及时有效地对事件进行阐述分析，保证必要的信息披露。对于一些容
易引发负面舆情的引爆点，更要提前做好评估，以便能够有针对性地进行回
应与澄清。

第四，要认识到建设亚投行是中国倡导的国际经济发展战略。虽然中国
作为亚投行的最大股东，起到了一定的主导作用，但亚投行本质上是一个国
际机构，具备多方参与的特点。这意味着在经济传播过程中，我国的新闻媒

体机构要充分与国际媒体接轨，引入国际信息，这对宣传机关的国际传播能力要求也更高。在亚投行关键事件的传播中，应当尽量避免唱"独角戏"，更加重视与其他国际媒体的对话与合作，实现"经济传播外交"，促进议题的国际传播。

第五，在宣传中也应考虑到传播生态中的信息平衡原则，不要只有一边倒的正面宣传。特别是外宣媒体，要善于把握国际读者的文化与阅读习惯，少用口号式的"隔空喊话"，而要多用专家解读、交代具体举措、列举客观数据等实际的证据来进行情况说明。在具体操作上，要少一些生硬死板、平铺直叙式的宣传，多利用新媒体融合技术进行数据化可视化互动性的表达，在视觉设计层面也要注意简洁、美观。

第六，要把握新媒体尤其是社交媒体的传播规律。在前期调查中我们发现，海外网络社交媒体对亚投行的关注较少。一方面，这是因为议题本身涉及的是宏观经济层面的事件，与民众日常生活关联较少，因此除了简单的科普介绍，建议未来对亚投行的议题传播可以利用更多新媒体，从多国合作共赢的角度，唤起更多受众的共鸣。另一方面，我国在海外社交媒体上的发声，多以长篇报道为主，不适应社交网络用户的浅阅读习惯，因此建议可以采用数据可视化、短视频、漫画等易于传播方式，注重标题导语的话题指向性，从而更好地在社交媒体发声，宣传中国经济力量实际影响力，让更多关心中国发展的国际民众尤其是年轻一代更准确、更深入、更客观地听到中国的声音，了解中国和理解中国。

# 三、两会报道中的新媒体应用分析与传播建议

在经济报道与传播中，每年的两会报道都是各方关注的重要事例。为此，本研究选取了 2016 年的两会报道进行集中观测，对两会报道中的新媒体应用进行分析。

2016 年全国"两会"，即中华人民共和国第十二届全国人民代表大会第四次会议和中国人民政治协商会议第十二届全国委员会第四次会议，分别于 2016 年 3 月 5 日和 3 月 3 日在北京开幕。2016 年是"十三五"规划的开局之年，也是全面建成小康社会决胜阶段的关键时期，因此，经济转型升级、金融体制改革、市场创新驱动等议题成为两会报道的重点，也是舆论关注的焦点。中外媒体对"两会"期间的财经相关议题进行了大篇幅的报道，主要关注点包括以下四个方面：

（1）"十三五"规划。

"十三五"规划纲要的通过是 2016 年两会的报道重点。3 月 16 日第十二届全国人大第四次会议闭幕，表决通过了《关于国民经济和社会发展第十三个五年规划纲要的决议（草案）》。会议要求，以提高发展质量和效益为中心，以供给侧结构性改革为主线，扩大有效供给，满足有效需求，加快形成引领经济发展新常态的体制机制和发展方式，保持战略定力，统筹推进经济建设、政治建设、文化建设、社会建设、生态文明建设和党的建设，确

保如期全面建成小康社会，为实现第二个百年奋斗目标，实现中华民族伟大复兴的中国梦奠定更加坚实的基础。

（2）供给侧改革。

2015 年引起广泛关注的"供给侧改革"成为 2016 年政府工作报告的重点。供给侧结构性改革难度不容小觑，但改革步伐不会因此停滞。在"十三五"规划纲要、政府工作报告的指引下，各行各业也开启了供给侧改革，成为舆论关注的重点。

（3）"一带一路"。

相比 2018 年，2016 年两会关于"一带一路"的提案、议案更多，几乎涵盖所有行业，深入影响到方方面面。政府工作报告指出，2016 年将扎实推进"一带一路"建设；统筹国内区域开发开放与国际经济合作，共同打造陆上经济走廊和海上合作支点，推动互联互通、经贸合作、人文交流；构建沿线大通关合作机制，建设国际物流大通道。

（4）财税金融改革。

2015 年，我国继续实施了积极的财政政策和稳健的货币政策，完善结构性减税政策，扩大"营改增"试点行业。2016 年经济运行仍处在合理区间，金融运行总体平稳，经济结构调整出现积极变化，但财税金融改革仍然是经济改革的推进重点，也成为媒体争相关注的热点议题。

## （一）两会经济议题报道的基本情况

研究聚焦"两会"期间以上热点经济议题的报道，将分析的视角集中在新媒体层面，主要观测和考察"两会"期间中外媒体运用新媒体技术报道经济议题的具体情况。

新媒体报道是指以数字信息技术为基础，以互动传播为特点、具有创新形态的媒体报道形式。相对于旧媒体，新媒体的一个显著特点是其消解力量——消解传统媒体（电视、广播、报纸、通信）之间的边界，消解国家与国家之间、社群之间、产业之间的边界，消解信息发送者与接收者之间的边界，等等。新媒体的报道形式包括多媒体结合、数据可视化、互动式图表等，形式新颖，以较小的篇幅通过简洁明了的方式呈现大量数据，这是过去几年来新闻传播尤其是财经新闻这种专业性质强的信息传播常常采用的报道形式。研究重点对"两会"期间的新媒体报道进行分析，总结报道特点，提出相应建议，为进一步提升经济信息的新媒体传播效果提供建议。

### 1. 媒体选择

在 2016 年全国两会中，《人民日报》等主流媒体和新浪、财新等市场化媒体充分运用新媒体平台，推出了一批数据新闻、H5 动图、VR 产品等适合网络和移动媒介传播的新闻产品，扩大了两会报道传播的影响力，打造了全媒体运作的报道模式。

在国外媒体对两会的报道中，新媒体的呈现形式在沉浸式报道与数字新闻报道板块皆表现突出。本研究所观测的国外媒体主要包括以下四类：国外综合媒体，BBC、CNN、《卫报》（The Guardian）等媒体的财经网站板块；财经为主的媒体《金融时报》（Financial Times）、《经济学人》（The Economist）、Business Insider、CNBC；国外媒体对华报道网站，如 FT 中文网、路透中文网等媒体机构。除媒体报道外，随着社交媒体的发展，"两会"在社交网络的传播也呈现出多元化的特点，为本次"两会"报道制造了不少的亮点。

### 2. 报道类型

研究结合具体的媒体报道文本和形式，将新媒体新闻报道主要分为数字新闻和沉浸式新闻报道两类进行研究。数字新闻是指在信息化、数字化时代，以数字或图表为主要表现形式并体现一定新闻价值的新闻信息报道。这种报道形式基于大数据的挖掘和过滤，在表现形式上以简洁形象的方式将数据呈现出来，以期更好的传播效果。数字新闻具有时效性、真实性、可读性、简洁性和指导性的特点。

沉浸式新闻，是指通过虚拟现实技术（virtual reality，简称 VR），用 360 度全景摄像机与其他实体设备记录新闻现场，经过处理后呈现在虚拟现实的头戴式设备上，使观众能获得"身临其境"体验的一种报道方式。其最主要目的是让观众化身为新闻事件的"现场目击者"，而不仅仅是新闻的"观望者"。这类新闻呈现方式不会改变新闻制作的真实性原则，它与过去新闻的最大不同之处在于现场感。

研究对 2016 年全国"两会"中媒体经济报道的新媒体实践进行了梳理分析，从国外媒体报道、国内媒体报道和社交媒体报道三个主体，以数据新闻可视化作品和沉浸式互动新闻作品两方面来探究新媒体技术在其中的应用及效果。

## （二）新媒体报道的基本面情况

### 1. 数据分析应用和数据呈现

在中外媒体报道中，数据新闻和可视化新闻已成为重要的新闻呈现形态。在"两会"报道中，各网站纷纷尝试以数据可视化、知识可视化的方式表达重要信息，使严肃的"两会"报道直接明了、形象易懂。

（1）国内媒体。

①《人民日报》。在人民网财经专版的数据新闻中，多数是以整体性的两会内容，如《2016 年每一天，李克强要面对这份"工单"》① 来呈现整体概况。同时，在众多话题之中，人民网也单独制作了一些数据新闻图例，比如，为养老金的议题制作的数据新闻图例（如图 3 - 6 所示）凸显议题重要性，也体现出媒体对受众需求的重视。

---

① 人民网文章：http：//hi. people. com. cn/n2/2016/0305/c231187 - 27871581. html

图 3 - 6　养老金议题的数据新闻报道

②新华社。在新华社的多媒体报道中，新华社联合百度搜索梳理了2016 年初和十八大以来三年多时间里全国两会报道相关的大数据，以"数"说两会作为关注点，为多家媒体转发。通过数据可发现，"改革""环保""养老""创业"这四大话题排名居前，成为 2016 年全国"两会"的搜索高频词，话题的搜索量均超过亿次。新华网在《从大数据看两会：见证历史脚步　感受发展成果》① 一文中指出，从数据解读中不难发现"百姓的关注点正是政府工作的着力点"，而在该篇数据分析报道中，也能看到三年多来两会大数据的一些变化。

百度提供的 2012 年年底至 2016 年 2 月的搜索年度、月度变化数据显示：从年度变化看，关于两会的搜索量变化不大；从月度变化看，搜索量峰值集中在每年的 3 月 1 日至 3 月 21 日期间。党的十八大以来，一些新词如"中国梦""一带一路"等都成了互联网搜索的高频词，"互联网＋"、亚投行、经济新常态、供给侧改革、淘汰落后产能、扶贫、人民币"入篮"等也是网民搜索较多的关键词。

---

① 新华网文章：http://news. xinhuanet. com/politics/2016 - 03/02/c_1118216380. htm

③央视网。除了做简单的数据新闻长图外，央视网融合相关数据，发布了数据新闻的互动产品，制作了两会未来五年各地发展路线图，体现了数据新闻的预测性功能。

④财新网。财新网开辟了探索数据新闻和多媒体报道形式的"数字说"专栏，以数据新闻方式来解读财经动态。在全国两会前夕，央行2016年首次全面降准，2015年央行曾七次降息或降准，财新网据此制作了一组数据图，如图3 - 7所示。

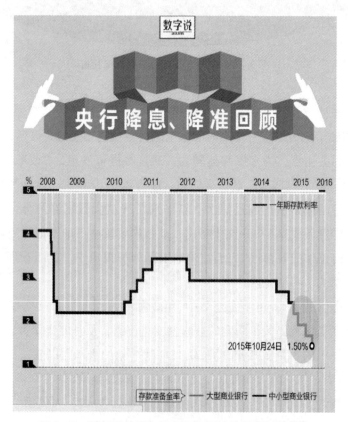

图3 - 7　财新网关于央行降息议题的数据新闻报道①

---

① 财新网文章：http://datanews. caixin. com/2016 - 02 - 29/100914081. html

同时，在两会期间，财新网以政府工作报告中的"干货总结"为切入点，挖掘两会亮点词制作信息图表，如图 3 – 8 所示。

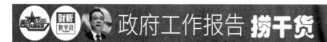

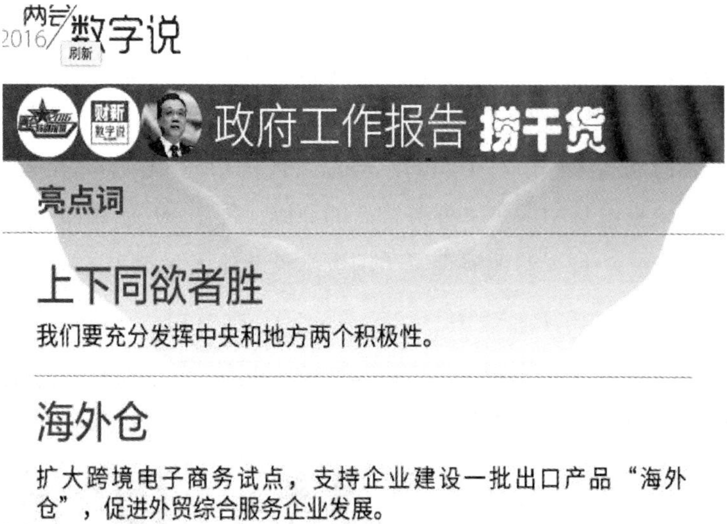

**2016数字说**

政府工作报告 捞干货

**亮点词**

## 上下同欲者胜

我们要充分发挥中央和地方两个积极性。

## 海外仓

扩大跨境电子商务试点，支持企业建设一批出口产品"海外仓"，促进外贸综合服务企业发展。

图 3 – 8　财新网关于政府工作报告的数据新闻报道①

⑤新浪网。新浪网在本次"两会"专题中，头条主打依然以视觉信息为主，定期推出特别策划，包括两会前的总理视角看大会堂的全局照片、两会中推出的"中国颜色——十城接力航拍"视频等，都以新奇的视觉元素吸引读者。

在一般新闻设置上，新浪采用了时间轴的形式，将两会新闻按日期分类，每天均有对应头条及相关主题，形式上清晰明了。

新浪两会图片专题的主题为"目击中国"，推出了"中国人家""新青年"等细分的专题策划，从不同地域的中国家庭生活、新时代的青年等角度来展现时代风貌。②

---

① 财新网文章：http：//datanews. caixin. com/2016 – 03 – 05/100916500. html
② 新浪网专题：http：//news. sina. com. cn/c/z/2016qglh/photo/

（2）国外媒体。

数据可视化是国外媒体报道中呈现出的亮点之一，不仅数据多样，且呈现形式丰富，使得文中的观点更具说服力。这其中，数字化技术应用最丰富、对中国议题关注最多的当属《纽约时报》数字新闻网站 The Upshot。

例如，在 The Upshot 对"两会"的报道当中，一篇名为 *As Economy Slows，Experts Call on China to Drop Growth Target*[①] 的报道中插入了数字图片板块。作者绘制了人民币对美元的走势以及人民币海外存有量的变化情况，用数字作为依据解释中国资本外流背后的原因。图 3 – 9 为 2015 年中国资本对外流通情况，一目了然地展现了中国资本近几年大量流出的状况。

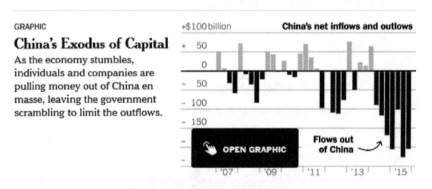

**图 3 – 9　The Upshot 中国资本外流报道**

以下列举了部分 The Upshot 中可视化图样的形式，以展示数据可视化信息告知功能与美观性并存的优点。

图 3 – 10 说明了一年以内上证综合指数的走势情况，在每个拐点配有文字性说明，在一张图内便展示了近段时间中国重要的经济事件以及它们对股市的影响情况。

① The Upshot 文章：http：//www. nytimes. com/2016/03/05/business/international/china-econom-ic-growth-target. html？ _r = 0

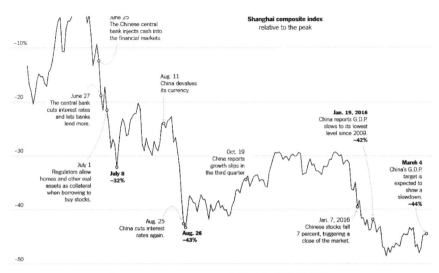

图 3 - 10　The Upshot 上证综合指数报道①

　　图 3 - 11 所示是中国 GDP 的走势，用柱形图加折线的组合突变将中国 2005 至 2015 年间的宏观经济指数走势展现得更加直观易懂。相比简单的数

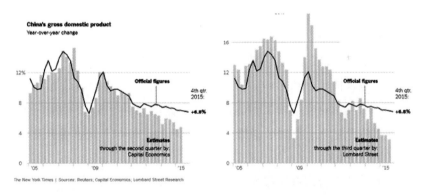

图 3 - 11　The Upshot 关于中国 GDP 走势的报道

　　① The Upshot 文章：http：// www. nytimes. com/interactive/2015/08/26/business/ -why-china-is-rattling-the-world-maps-charts. html？ version = meter + at + 2&module = meter-Links&pgtype = article&contentId = &mediaId = nyt2015 _ edu _ personalized _ isEDU _ cookie _ dropper&referrer = https% 3A% 2F% 2Fwww. google. com% 2F&priority = true&action = click&contentCollection = meter-links-click

字列举，这样的方式更容易看出这些年的连续走势，发现中国经济放缓的趋势。同时，读者也可以在图中查找每一年的 GDP 数据。

在数据的呈现方面，国外媒体利用传统柱状图、折线图、饼图等和创意性图表相结合，在应用数字可视化方面表现尤为突出。一方面，大量的数据呈现有助于增强文章的说服力与分析的可信度；另一方面，数据图表信息含量大但逻辑链条清晰，能够帮助读者理清思路，提高阅读体验。同时，可视化数字呈现通常较好地屏蔽了新闻作者的主观情绪，读者可以根据所呈现的信息给出自己的分析结论，也使新闻的客观性得到了有力保障。整体来看，数字可视化报道是未来新闻报道的发展方向，而信息数据的收集整理能力也会成为各媒体平台在业界竞争力的主要体现。

（3）社交媒体。

清博大数据显示，2016 年 3 月份"两会"召开前后，微信公众号TOP500 共计发布文章 87191 篇，总阅读数 70.92 亿，总点赞数为 4484 万。① 各项数据与 2 月份相比均有小幅度提升，其中数据新闻通过对用户心理的把握驱动阅读，因其可读性强获得大量转载。比较有代表性的是《9 张图，帮你读懂政府工作报告》《未来 5 年，中国要做的 100 件大事！投资机会都在这里！》《"两会"的五个小细节，费思量、有看头！》等，被"人民日报"、新华社等主流媒体账号和"占豪""牛弹琴""水皮"等自媒体账号纷纷转载。另外，解读两会政策的文章，内容与用户日常生活联系紧密，代入感强，梳理出关于生态、扶贫、健康、交通、城镇化等与百姓生活息息相关的领域，同样备受关注。

在新浪微博平台，自媒体为了提升传播效果，也使用数据新闻的方式吸引阅读。以政协委员、微博大 V@杨元庆为例，他在连续数条微博中采用了数据可视化方式阐述自己的两会提案，将图片、文字、表格结合，形成可视化页面，在微博上引起了强烈的反响。

---

① 清博指数文章：http：//mp. weixin. qq. com/s？ _biz = MzIwNDA0NTczNA = = &mid = 4894839 78&idx = 1&sn = 1fd2a9b9b35adb323d60d65c7f8d2daa&scene = 4#wechat_redirect

（4）移动平台。

诸多传统媒体旗下的新闻客户端或微信公众号也积极参与新媒体技术应用，用接地气的文字、图片、视频进行传播。以下是两种较有代表性的基于手机的新媒体技术应用。

①HTML5（H5）技术与内容创作的融合。

中华网制作的"你有一个来自李克强的红包"H5 页面，借用公众熟知的"发红包"的形式（见图 3 - 12），把政府工作报告中的重点内容活灵活现地展现出来。让公众在参与互动的同时，对政府工作报告中的内容有了更深入的了解。

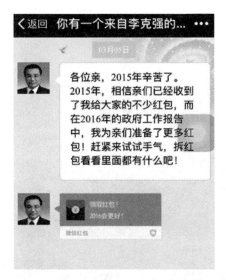

图 3 - 12　中华网"红包"H5 报道

与此同时，人大首场发布会结束后，一款"傅莹邀请你加入群聊"的H5 页面在微信上被大量转发，H5"人大新闻发布群"模拟群聊的场景，生动再现了发布会上的内容。这个微信群强调形式上的互动性，大大增强了受众的参与意愿。一问一答，都以平时微信聊天的形式发布出来，并且文字、语音兼备，清晰有力地传播了会议内容，给受众与发言人面对面交流的实感，平添了一股人情味与亲切感。群聊中偶尔还会穿插"跑题"的信息，比如发一张傅莹的现场照，放松一下气氛。这种偶尔的"跑题"行为并没有削弱主题，反而更营造了一种真实平等自由的聊天氛围，增加了阅读的趣味性。这种群聊形式内容条理清晰，答案与问题对应，重点突出，方便用户阅读和整理。这样的群吸取了微信群的互动性强、多种信息传播模式可选的优点，也避免了信息冗余、混乱的缺陷，取长补短，以用户熟知、认可的方式传播了会议内容，传播力更大，影响力也随之提升。

②部长表情包。

"央视新闻"微信公众号文章《王毅外长的"表情包"正在袭来》① 获得25万+阅读量的同时，也收获了6898的高点赞数，这样的文章内容一反之前的发文风格，语言更亲民，图片更适合网络传播，取得了良好的传播效果，如图3-13所示。

图3-13　外交部部长王毅的表情包

① CCTV 看点微信推送：https：//mp. weixin. qq. com/s？__biz = MjM5NzA3NjQwMA = = &mid =
403881307&idx = 1&sn = 3497414d5a31fc2b8c1f90f087d94caa&scene = 1&srcid = 05177gr3UziSyQ6BW1hm
Hnts&pass_ticket = oDflVS7w4zj0bh5inQCspFzBo5KFfF6gY0XwBTglOly% 2FWWxMJxsgU3hkYuRxto6j#rd

财政部的小编还为财政部部长楼继伟打造了表情包。专业性的政策内容如果用普通的图文传播方式传播内容会比较晦涩，不易让普通民众接受，让部长变成移动的表情包使得纯文字的发布变得生动、易读，也提高了受众的好感度和接受度。

### 2. 沉浸式互动多媒体体验

沉浸式互动多媒体报道是指围绕同一新闻事件，多路记者在同一时间从不同视角对同一现场展开直播报道，综合运用视频直播、文字直播、图片直播、音频直播等各种形式还原现场，并在同一页面集成展示，使多媒体报道变为全媒体融合报道，从多层次、多视角揭示新闻的内涵。在此次两会中，注重沉浸式互动多媒体体验的新闻产品成为广被受众关注的亮点。

（1）国内媒体。

①《人民日报》。《人民日报》依托"中央厨房"的组织架构，在此次两会报道中制作了相当数量的交互式多媒体财经新闻报道。相较于以往传统的图文报道形式，"中央厨房"选用了更加容易被受众接受的可视化制作方式，从"外国人眼中的中国"这一角度策划了"外企高管看两会""驻华使节谈两会"系列视频，围绕"科技创新""互联网＋""经贸合作"等话题进行解读，真实、生动、立体地向世界展现当今中国的国际地位与形象，向国内外积极传递正能量。《人民日报》策划《微信里听总理报告》和《来自总理的红包》，通过关键词提炼，将政府工作报告中的热点作为引领，通过移动端的快速传播让近两万字的报告变得短小易懂，通过与受众的高效互动，实现普通用户对报告内容的直观理解。

②新华社。新华社在两会专题下开辟了"VR视角"栏目，尝试了各种形式的VR视频：新闻发布会、会议记录、现场采访，甚至结合闯关游戏来吸引受众。

③央视网。央视云直播平台"自己当导播"在这次主流媒体的全场景技术报道比拼中尤为突出，央视新闻在两会现场通过搭建云直播平台，进行

全景式两会网络直播。与往年不同，受众可以通过其微信推出的《两会云直播》自己当导播，任意切换多路画面，多角度关注两会现场。全景技术的应用让用户有了换个角度看两会的体验和身临其境之感。

④财新网。财新网制作了 2016 全国两会报道的专题页面。除了常规的新闻图片外，视频直播是这次财新发力的重点。在使用央视的直播信号外，财新还推出了"一语道破"的记者现场采访短视频、"两会快评"的演播室评论节目；同时在直播时还设置了各路记者的直播信号，读者通过选择不同现场记者的信号，可以看到不同的现场。财新在此次两会中重点发力视频领域，值得瞩目。此外，财新网借助移轴镜头的独特透视效果，让两会现场呈现出不一样的画面。

⑤新浪网。移动端方面，在两会前，新浪制作了"听，习近平说""强哥这一年都批评了谁"等几个很有特色的 H5。新浪财经也专门制作了《习大大经济热词》《延退真的来了，来算算你多少岁退休》的 H5 作品，增强了专业领域的解读。而最受好评的则是《人民大会堂全景巡游》，通过全景照片技术摄制，以手机版 H5 页面形式推出。通过这样的 VR 全景报道，网友在手机上打开链接，就可以瞬间置身于"神秘"的人民大会堂内部，通过手机角度的变换，就可以完成人民大会堂内部各个方位的场景体验：画面可以拉近、推远，俯仰视角的变换也是流畅无比。网友还可以选择身份，通过"总理，省长，群众，记者，外宾，黑衣人"六种人物身份的换位，来体验不同角色、不同位置上对于会场内部的视角感受。网友可以在不同身份的视角里，游览"两会"新闻中心的建筑结构和每个会场，甚至是楼梯、走道和任何一个想去的角落。受众甚至可以"站"上主席台，体验总理作政府工作报告时的"最佳视野"。这不仅拉近了普通读者与"高端神秘会场"的距离，也降低了常人难得一入的大会堂的参观门槛，让 VR 全景报道更"接地气"。

（2）国外媒体。

①文字、图片、视频相结合。《纽约时报》The Upshot 在 2016 年 3 月 4

日发布的一篇题为 *Advisory Body's Delegates Offer Glimpse Into China's Worries*[①] 的报道，对图文视频三者结合的方式应用较为典型。该报道分析了"两会"前期的社会热点，包括文化、医疗等，同时在文中穿插了"两会"开幕视频链接。

在文字的呈现方面多处设置了关键字的链接（如 China，public dancing 等），类似关键信息搜索功能，点击之后会看到一定时间范围内涵盖连接词的相关报道。通过这种方式，以较短的篇幅呈现了海量信息，每段文字的背后是经过整理的报道库，这不仅方便读者理解文章内容，更能在一定程度上提升其他文章的点击阅读量。在这方面，《华盛顿邮报》相较于《纽约时报》来说信息整合度更高，链接更为频繁。*How China's premier survived a two-hour news conference without answering a single hard question*[②] 报道了李克强总理在两会结束后召开记者招待会的详细内容，其中就出现了 11 处链接，其背后是时间跨越一年的对中国经济的各种问题做了详细阐释的报道文章。而在图片方面，The Upshot 报道中的每张图片都具有放大功能，同时连接到这篇报道的图片库，方便整体浏览。穿插在文中的视频增强了读者的浸入体验，如图 3-14 所示，来自新华社的两会现场实录以视频的形式被呈现在 The Upshot 报道当中，并设置了转发、点赞的链接，使整篇报道更为生动。

②连接社交媒体。同样以 *Advisory Body's Delegates Offer Glimpse Into China's Worrie*[③] 为例，文章分享键设置在标题右边显眼的位置，可同时分享到 Facebook、Twitter、邮件等多个网上社交场所。此外，其报道页面本身也有评论板块，读者可以像在 Facebook 上给好友写评论一样发表自己的观点，

---

① 　The Upshot 文章：http：//www. nytimes. com/2016/03/04/world/asia/china-congress-consultative-conference. html

② 　华盛顿邮报文章：https：//www. washingtonpost. com/news/worldviews/wp/2016/03/16/the-unasked-and-unanswered-questions-at-the-chinese-premiers-annual-news-conference/

③ 　The Upshot 文章：http：//www. nytimes. com/2016/03/04/world/asia/china-congress-consultative-conference. html

详见图 3 – 15。

Politics hung heavy in the air on Thursday. On buses, on subways and in

图 3 – 14    The Upshot 两会议题沉浸式报道

图 3 – 15    与社交媒体相连接的 The Upshot 报道

③发现式阅读体验。为扩大信息的深度及广度，国外媒体往往将部分信息整理在对应"文档"中，而将"文档"的连接穿插于报道。例如，The Upshot 一篇名为 *How China's National People's Congress Works* 的报道，以问答的方式展现了两会在中国发展中的地位和形式内容等基本信息。其中，李克强总理的政府工作报告被整理成"document"，点击 OPEN DOCUMENT（打开文档），全英文版政府工作报告以 PDF 格式呈现。相比起许多报道直接将报告内容粘贴在文中让读者被动阅读，这样的形式更为自主，让阅读更有乐趣，如图 3－16 所示。

At the end of the session, the premier's closing news conference sometimes reveals insights into the leadership's thinking.

DOCUMENT

**Chinese Premier's Annual Work Report**

Prime Minister Li Keqiang of China delivered his government's annual work report to the National People's Congress, the Communist Party-controlled legislature, on March 5. Here is a searchable transcript of his speech.

OPEN DOCUMENT

**Q.** *How much debate is there?*

**A.** Don't expect Washington-style argument. Important decisions, like the five-year plan, are ironed out months and years in advance.

图 3－16　The Upshot 报道中嵌入了相关文档

在沉浸式体验上，国外大多数媒体报道将文字、图片、视频、数据的展现形式相互结合与补充。多样的形式使得内容呈现更为全面，同时增加了读者的阅读选择，优化了阅读体验。同时，对于信息的呈现形式，国外媒体在传统的方式上加以改良。首先，增加文字链接，增加"文档"窗口，每一篇报道都像是一个数据库的接入口，这会引导读者不断深入阅读；其次，连接社交媒体拓展了传播渠道，丰富报道的信息来源，增强了互动性；再者，国外媒体平台将电脑与移动端相结合，增加报道传播渠道，方便随时随地阅读。

（3）社交媒体。

①全媒体融合报道。自媒体传播时代，社交平台聚集了大量的网民。媒体纷纷利用社交平台吸引受众关注两会、参与两会，提升互动性，让两会更接地气。通过微博、微信，媒体和大众可以随时随地了解到会议的动态和进展，增强了两会信息发布的及时性和透明性。通过社交媒体搭建起代表委员、社会知名人士与网民的社交议政平台，共同讨论两会热点话题，让老百姓能发出自己的声音，极大地提高了两会的受关注度和大众的参与度。

央视首次将新媒体平台作为两会报道主战场，将电视报道手段与新媒体技术紧密融合，全力构建两会报道新媒体矩阵，打造"智慧融媒体"。微信、微博、微视频和客户端——"三微一端"是"央视新闻"新媒体的主要报道阵地和报道载体。通过"三微一端"，"央视新闻"初步形成了新媒体领域的全覆盖。根据清博新媒体指数（www.gsdata.cn）的统计显示，"央视新闻"微信号在两会期间，有关两会的文章共有 194 篇，总阅读数超过 2153 万，点赞数超过 26 万。"两会热搜""两会解码"是"央视新闻"微信公众号着力制作的两款新媒体互动产品。点击"两会热搜"进入"两会关键词"，公众号会根据用户所在地区，自动生成用户独享的一组关键词。"两会解码"则是一个互动交流平台，人大代表的议案和观点在平台上开放展示，用户则可以为之"点赞"，并提出自己的个人建议，群策群力为两会出谋划策。"央视新闻"也在微博账号视频直播两会，李克强总理做《政府工作报告》当天，共有 308 万网友观看微博直播，得到近 2000 万网友点赞。央视新闻中心同时重点打造推出"V 观两会"微视频。截至 3 月 14 日，微视频累计发稿 1080 条，播放量逾 12.84 亿。

　　"两会"报道中，除纸媒通过微博参与到两会的信息传播与舆论引导当中，政府部门同样通过微博与民众沟通。另外，微博大 V 在两会舆论场中也发挥着越来越重要的作用。其中，@曹景行发起的微博话题#老曹看两会#运用融媒体技术提升报道效果，通过微博实时发布两会现场动态，引发2620.8 万阅读量和近 5000 讨论量，受到广泛关注。亚洲通讯社社长的@徐静波也开通并主持微博话题#静说两会#进行两会直播和评点，实时报道团组讨论会、记者会等会议，总结评论代表、委员的观点。

　　新媒体技术的运用，让两会更即时、更全面、更立体地呈现在受众面前，让更多的民众更清晰直观地了解代表、委员都在做什么事，从而拉近了民众与两会之间的距离。这种传播方式的改变趋势无疑会在潜移默化中改变中国的政治生态，营造更加良好的民主氛围。

　　同时，播客、秒拍等在社交媒体出现的新形式实现了从图文传播向音频、视频传播的转化，增加了娱乐成分，满足了人们自我表达、张扬个性的需求，同时还加强了互动，使新闻传播也成为社群经济重要的一环。

　　②数字体验型新技术强化报道效果。央视在两会主会场架设云直播摄像头进行立体多维的"云直播"，带网友全方位看尽会场内外，随时切换自己的"两会时间"。网友可以进入"央视新闻"微信公众号，点击"看两会"中的"云直播"，选择不同角度的云镜头，全方位感受两会现场。

　　在"两会"报道中，央视实现了 24 小时立体、多维直播两会主现场。近 30 个固定和游动摄像头与无人机、VR 全景 720 度拍摄相结合，网民可随时切换、全方位观看直播现场。在"云直播"平台上，网友可以看到以往两会直播所看不到的画面：比如晚上子夜时分的两会新闻中心以及全国政协、全国人大开幕式前尚无委员入场时的场景，会议期间大会堂内部如何运行确保会议的顺利如期进行等。"云直播"累计点击量突破 1199.2 万人次，用户评论 106.8 万条，点赞 60.5 万次，引起社会强烈反响。

　　在微博上获得广泛关注的还有两会记者使用的 VR 设备。不少记者都将VR 设备当作"秘密武器"，通过 VR 全景感知两会的方方面面，为多角度、立体的两会报道提供了有力的支持。除了 VR，两会媒体"神器"还有全景相机、3D 相机、自拍稳定器、鱼眼镜头、联想 NBD 智能眼镜等，能够高质量实现视频实时转播，让人耳目一新。

总的来看，社交媒体在两会的报道中主要有以下两方面特点：

一方面是报道主体的多元化。报道主体由媒体、政府、网络大 V、民众等共同参与，社交媒体不再是简单的社交工具，而成为"传统媒体竞争的主战场、意见领袖发声的主平台和网民获取信息的主渠道"。社交媒体的力量通过"两会"得到了集中展现和发挥，作为一种全新的沟通和信息分享工具，社交媒体将成为国家行政、社会服务和管理中的一个重要手段。

另一方面是报道形式呈现多样化和潮流化的特点。视频直播、音频报道、数据新闻融合，带来多样化的感受，缩短了用户与新闻之间的距离；数据新闻用图表事实说话，直观地展现新闻的权威性和专业性的同时又不失可读性；VR 等多媒体新技术使信息传播更加丰富快捷，更易于让人融入新闻并广泛参与社交媒体上的讨论；与新技术手段相结合的报道既能扩大新闻的传播影响力，也可以增强受众的使用体验。

## （三）分析与总结

综观国内媒体、国外媒体和社交媒体平台上对两会财经新闻的报道，虽然在新媒体的应用上有较大的突破，但同时也存在一些问题：

### 1. 新媒体新闻报道流于形式，传播效果有限

根据"清博大数据"的统计，在微博上搜索"两会"，从 3 月 2 日到 3 月 16 日，"两会"微博提及量达 11.1 亿＋，相关话题 2000 余个，话题累计阅读量超 60 亿，表明微博不再仅仅只是传统舆论场的发声和补充，因其舆论生态的丰富性、开放性、可提供第一现场信息等优势，已经成为

媒体发布新闻的媒体平台、政府与民众沟通的服务平台、网民发表言论的舆论平台，也是三大主体选择发声的一个首要平台。但从微博留言中观察群众的舆情反应可知，尽管采用了喜闻乐见的新媒体推广方式，但是仍有不少反馈表示更希望新媒体的新闻报道内容能更契合百姓关注的生活需求。

同时，在"两会"报道当中，虽然不乏形式多样的财经新闻报道的数字产品，但很多报道流于形式，使得受众停留在浅层次的感受层面，转移了大众对于该财经新闻作品的核心信息注意力，难以真正有效传达经济信息。因此，相对于其他新闻题材来说，受众对财经报道的关注度并不是很高。

### 2. 沉浸式新闻报道尚待完善

新兴的虚拟现实 VR 技术也在两会新闻报道中进行了初步尝试，引发了业内对其关注，而对于普通受众来说，VR 新闻并未实现广泛的宣传效果。

VR 的实现效果与技术水平有紧密联系，其最大卖点在于让受众感受到那些他们通过其他媒体渠道无法获得的体验感，可以说技术直接影响体验效果。另外，从制作成本来看，VR 新闻的成本高于普通图文新闻，并且制作周期慢，无法满足绝大部分受众想始终实时了解最新新闻的需求，所以更适合做深度主题报道。

此外，关于虚拟现实新闻报道，现在还没有被广泛认可的通行规范。在跨界融合的过程中，对标准的建立意味着模式的成熟和可推广。

针对上述问题，本研究对利用新媒体进行经济信息传播提出如下建议：

（1）依据不同报道需求，综合运用多媒体报道形式。

数字化和沉浸式的报道形式是近年来新闻报道的新趋势，但两者都有较高的成本，因此在生产新闻产品前，应对不同主题进行评估，确定最适宜的报道形式。比如数据层次多且内容复杂的，可采用互动式图表；而需要突出现场体验感的，则采取 VR 报道技术。

虽然两会报道中采取了新媒体的形式，但是静态化新闻图表仍然占较大比例。图表相对于传统的文字报道可读性更佳，但与数字化、多媒体的报道形式相比，在信息容量和阅读体验方面还是有所欠缺。所以，在经济信息传播中可以更多使用动态图表和交互式图表，生动展现新闻事件全貌，提高用户参与度和界面友好度，实现大数据新闻呈现的核心优势。

（2）重视利用社交平台，实现舆论宣传与新闻发布结合。

在主流媒体和市场化媒体之外，社交媒体是今后新媒体报道的主阵地。社交网络的优势在于为普通民众提供了发声平台，但如何在社交媒体中进行舆论引导却是巨大的挑战。在实践中，除了组织相关话题、发表官方立场，还应通过主流媒体、权威人士等发布质量高、形式新的报道作品。注意利用网络媒体，运用数据呈现方式和沉浸式多媒体体验，进一步加强数据可视化新闻报道，用直观可读的方式呈现新闻，以扩大传播范围、增强新闻影响力。

（3）内容与用户并重，根据受众需求生产优质新闻产品。

如果新闻传播过度聚焦于数据体验形式，深度阅读的受众可能会越来越少；而对于经济议题，深度报道是必要的手段，只有从背景、现状、影响等方面入手，提供全方位的信息，才能将经济信息有效地传递给受众。数字化新闻的报道方式可以很好地将深度内容和易懂形式相结合，达到最好的传播效果。

数据可视化新闻传播虽然将多媒体技术手段应用于报道，但其内容依然是服务于受众需求。因此，有影响力的媒体平台要着力保障数据呈现的原创性、真实性，引导健康的网络环境和活跃的阅读氛围，将多媒体的表现形式和高质量内容相结合，以更高效地吸引受众注意力。

第四部分

# 中国经济报道与传播的研究归纳与思考

# 一、经济新闻的报道议题类型与传播规律

经济新闻报道是指对经济类信息的采集、发布与传播报道。随着社会经济的不断发展，人们对于经济议题的关注日益加强，经济信息的报道与传播也成为新闻报道与传播中越来越为重要的内容。尤其是进入"十三五"以来，社会转型与发展处于大有可为的重要战略机遇期，同时在转型和发展过程中也面临矛盾叠加和风险隐患增多等诸多挑战。因此，如何准确把握战略机遇期的深刻变化，将经济发展中所面临的机遇、挑战与改革探索等问题进行客观的报道和专业的分析，帮助民众增强信心，营造社会发展中的正能量，是我们在经济报道与传播工作中应积极探讨的关键性问题。

经济新闻的报道与传播具有专业特点与客观规律。新媒体技术的快速发展推动着媒介环境与受众信息接受方式的巨大变化。同时，随着中国在全球经济发展中的地位与作用不断凸显，经济新闻的国际性特征也愈加明显。因此，经济新闻的报道与传播既要考虑到议题的专业性，也需要考虑国际形势下报道与传播的复杂性，需要融合运用多媒体的报道方式与创新的呈现手段来提升传播效果。有鉴于此，本部分以 2017 年全国两会期间的经济新闻报道为例，分析与探讨这一期间集中报道的经济议题类型与特征，总结经济信息在网络与移动媒体平台的传播规律与特点，希望为经济新闻报道与传播的

实践提供启示。

## （一）经济议题的类型

经济新闻报道与传播的议题涵盖了经济发展中的宏观、产业及微观各个领域。从经济议题涉及的范围（国内或国际议题）和持续的周期（短期或长期议题）两个维度来划分，可以将其归纳为国内短期经济议题、国内长期经济议题、国际长期经济议题和国际短期经济议题四种类型。

国内短期经济议题涉及的报道范围主要集中于国内，一般具有单发性特征，且报道周期和传播持续时间较短，比如 2016 年的中国股市"熔断"等议题。国内长期经济议题涉及的报道范围主要集中于国内，报道周期和传播持续时间较长，包含的事件具有多发性特点，比如金融市场改革和供给侧结构性改革等议题。国际短期经济议题指报道范围同时涵盖国内外，且持续时间较短，比如人民币加入 SDR 货币篮等。而国际长期经济议题指报道范围涵盖国内外，且持续时间较长的议题，比如"一带一路"倡议发展、亚洲开发银行建设等相关议题（见表 4 - 1）。

表 4 - 1　　　　　　　经济议题的类型

| | 短 ←　周期　→ 长 | |
|---|---|---|
| 国内<br>范围 | 国内短期经济议题<br>如：2016 年股市熔断 | 国内长期经济议题<br>如：供给侧结构性改革 |
| 国外 | 国际短期经济议题<br>如：人民币加入 SDR | 国际长期经济议题<br>如："一带一路"倡议发展 |

同时，在一些大事件的报道中，事件本身也包含了不同类型的经济议题。比如，每年全国两会期间的经济报道中既包含长期和短期性议题，也覆盖国内和国外市场。为厘清不同的经济议题并了解其传播规律，我们选取

2017 年两会报道这一事件来对其中所涵盖的各类经济议题进行分类阐述与分析。在研究方法上，我们采用彭博财经信息数据终端和百度指数等分析工具，通过设置核心词与时间范围来对相关议题进行检索，观测议题的传播趋势，总结经济新闻报道在议题类型、热点趋势和传播路径等方面的特征与规律。

## （二）2017 年全国两会期间国内经济新闻报道的议题类型

2017 年全国两会，即中国人民政治协商会议第十二届全国委员会第五次会议和中华人民共和国第十二届全国人民代表大会第五次会议，于 2017 年 3 月 3 日至 15 日间在北京召开。按照主流媒体、市场化媒体以及专业财经媒体三类对其中的两会报道进行了逐类检索。在主流媒体中，选取《人民日报》、新华社与央视三家媒体作为考察对象；在市场化媒体中，选取《新京报》和腾讯新闻两家媒体；而在专业财经媒体中，则选取《经济观察报》与《财经》杂志两家媒体进行考察。

对媒体报道进行观测的时间段设定为 2017 年 3 月 3 日至 15 日，关键词为"两会"。检索后共搜集到《人民日报》相关报道 250 篇，新华社报道 348 篇，央视报道 112 篇，《新京报》报道 276 篇，《经济观察报》报道 19 篇和《财经》杂志报道 20 篇。随后，作者进一步对其中涉及经济议题的报道进行筛选，选取《人民日报》经济报道 84 篇，新华社经济报道 183 篇，央视经济报道 105 篇以及《新京报》经济报道 148 篇作为分析样本。通过对样本的标题和文本进行解读，归纳整理出两会期间涉及的主要经济议题，涵盖了宏观经济发展、债券通试行、TPP、外汇市场风险波动等内容。继而，作者对梳理出的经济议题按照"国内/国际"和"长期/短期"两个维度来进行归纳，形成以下议题分类（见表 4 - 2）。

表 4 - 2　2017 年全国两会国内媒体报道经济议题分类

| 范围 | 短 | 周期 | 长 |
|---|---|---|---|
| 国内 | 国内短期经济议题<br>如：债券通试行、取消国内<br>长途漫游费、遏制房价过快<br>上涨的政策措施等 | | 国内长期经济议题<br>如：国企改革、宏观经济发<br>展、供给侧结构性改革、金<br>融市场改革、中国制造、互<br>联管理、创新创业等 |
| 国外 | 国际短期经济议题<br>如：美国退出 TPP 的影响等 | | 国际长期经济议题<br>如：外汇市场波动与风险、<br>"一带一路"倡议发展等 |

从上表可见，两会期间国内媒体关注的主要为长期性议题。国内市场聚焦的重点包括供给侧结构性改革、金融市场和国企改革、中国制造、互联网管理和创新创业等，而在国际市场中主要关注外汇市场波动、"一带一路"的建设与发展等议题。在短期性议题中，"债券通"的试行、取消国内长途漫游费和遏制房价过快上涨的政策性措施等是讨论的热点，在国际市场中，美国退出 TPP 对中国对外贸易战略的影响等是媒体报道的主要内容。

## （三）国内经济新闻议题的关注趋势与传播特征

为进一步了解各类议题的热点趋势与传播情况，研究运用百度指数作为分析工具，提取不同类型议题的关键词进行"搜索指数"分析。"搜索指数"① 显示互联网用户对关键词的关注程度及变化情况，根据搜索来源的不同分为 PC 搜索指数和移动搜索指数。使用百度指数对经济新闻进行观测能帮助我们了解受众对相关议题的关注与变化情况，从而分析经济新闻网络传

---

① 百度指数 ［DB/OL］. http：//index. baidu. com/Helper/？ tpl = help&word = % B0% D9% B6% C8% D6% B8% CA% FD#wmean，2017 - 05 - 24

播的特点。研究首先对"两会"总体议题进行了观测，同时也选取了长期/短期和国际/国内各类经济议题中的代表性关键词来进行搜索，以了解受众对具体经济议题的关注及变化情况，分析经济新闻的传播特征与规律。

### 1. 关键词"两会"

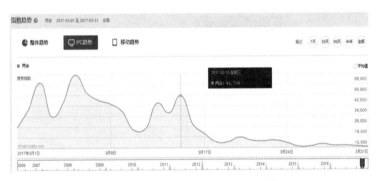

**图 4－1　"两会"议题的 PC 端关注情况**

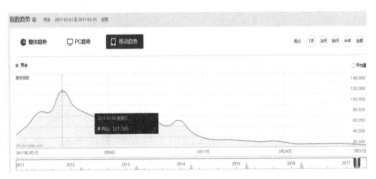

**图 4－2　"两会"议题的移动端关注情况**

由图 4－1 和图 4－2 可见，移动端对"两会"一词的搜索高峰集中在 3 月 5 日，当日出现传播峰值主要是因为李克强总理作政府工作报告，引爆关注热点，形成搜索高峰，这体现出该议题的关键事件驱动型传播规律特征。而 PC 端传播趋势则呈现多峰状，3 月 3 日、3 月 6 日（星期一）、3 月 13 日

（星期一）、3月15日，分别有四波大、小高峰，这与两会的开幕、闭幕进程，以及工作日 PC 端使用具有便利性等因素相关，传播呈现出因为时间点而形成搜索热点的规律。

### 2. 关键词"国企改革"（国内长期经济议题）

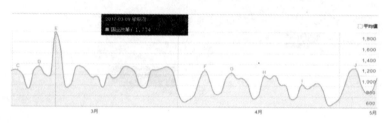

图 4-3  "国企改革"总体关注情况

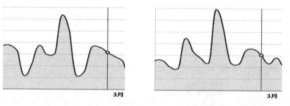

图 4-4  "国企改革" PC 端关注情况（左）与移动端关注情况（右）对比

图 4-3 和图 4-4 呈现了国内长期经济议题"国企改革"的受众关注情况。从总体搜索趋势上看，对该议题的关注呈现多峰形态，在 3 月 9 日形成搜索最高峰，PC 端和移动端均呈现相似趋势，其主要原因是国资委主任肖亚庆在当天就"国企改革"回答了记者提问。但在 3 月 9 日前后一周的时间内，即 3 月 6 日到 3 月 13 日，移动端搜索量最高点和最低点的差值低于 PC 端。特别是二者的最高点相近，但 PC 端的搜索量最低点明显低于移动端；因此，在经济新闻议题的 PC 端网络传播中，或存在议题"热"得快，"冷"得也更快的特征。

### 3. 关键词"漫游费取消"（国内短期经济议题）

图 4 – 5　"漫游费取消"总体关注情况

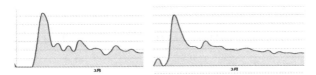

图 4 – 6　"漫游费取消"PC 端关注情况（左）与移动端关注情况（右）对比

由图 4 – 5 和图 4 – 6 可见，对国内短期经济议题"漫游费取消"受众关注的单峰形态明显，在 3 月 6 日形成搜索最高值，这一单峰特征与议题本身的短期特性密切相关。与 PC 端相比，移动端在峰值的搜索量更高，这显示对于短期性经济议题来说，用户更倾向于使用移动端来追踪热点。

### 4. 关键词"外汇风险"（国际长期经济议题）

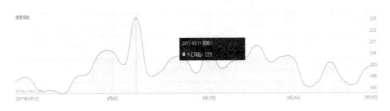

图 4 – 7　"外汇风险"总体关注情况

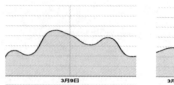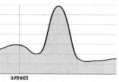

**图 4 – 8** "外汇风险" PC 端关注情况（左）与移动端关注情况（右）对比

由图 4 – 7 和图 4 – 8 可见，国际长期经济议题"外汇市场波动与风险"呈现多峰热点形态，受众关注在 3 月 11 日达到搜索的峰值，其原因是当日央行行长周小川召开记者发布会，回应有关外汇市场波动的问题，由此在信息传播中形成热点峰值。对比 PC 端与移动端的关注情况可以发现，移动端用户对议题热点的追踪更为明显，而在 PC 端搜索则未出现明显的高峰，这进一步说明受众对于热点事件的关注在移动端表现得更为显著。

## 5. 关键词"TPP"（国际短期经济议题）

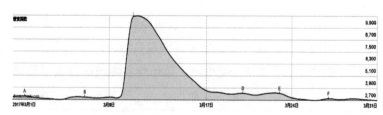

**图 4 – 9** "TPP" 3 月总体关注情况

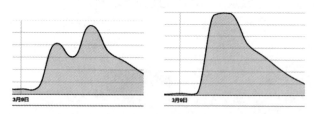

**图 4 – 10** "TPP" PC 端关注情况（左）与移动端关注情况（右）对比

继美国宣布退出"跨太平洋伙伴关系协定（TPP）"之后，国际社会普遍关注中国是否加入 TPP 的问题。由图 4 - 9 和图 4 - 10 可见，对于短期内中国的"TPP"战略回应，搜索总体呈现出单峰形态，呼应议题本身的短期性特征。议题在 3 月 11 日出现搜索热点，原因是商务部发言人在当日表示，目前中方正在积极研究参与 TPP 成员国会谈事宜，由此引发关注。该议题在 PC 端出现了一个预热前峰，但整体关注在 11 日达到高峰，体现出该议题传播的关键时间驱动型特征。

### （四）2017 年全国两会期间国际媒体报道的议题类型

为分析国际媒体对两会经济议题的报道，研究选取《纽约时报》《华尔街日报》《金融时报》三家媒体作为主要观测对象。在其官网上分别以"两会"（Two Sessions）和"人民代表大会"（People's Congress）等为关键词进行搜索，时间设定为 2017 年 3 月 3 日至 15 日，共搜索出《纽约时报》相关报道 9 篇、《金融时报》的报道 24 篇以及《华尔街日报》的报道 18 篇。

作者进一步对检索出的报道进行分类梳理，整理出包括：中美贸易、中国政府债务、部分省市经济数据造假、中国抑制过热对外投资等与经济相关的议题；同时，按照"国内/国际"和"长期/短期"两个维度进行分类，整理如下：（见表 4 - 3）

表 4 - 3　2017 年全国两会国际媒体报道经济议题分类

| 国内<br>范围 | 国内短期经济议题<br>部分省市经济数据造假、抑制过热对外投资、"债券通"试行等 | 国内长期经济议题<br>如：中国经济与 GDP、国企改革、地方政府隐形债务风险等 |
|---|---|---|
| 国外 | 国际短期经济议题<br>人民币汇率贬值压力增大等 | 国际长期经济议题<br>中国对外贸易等 |
| | 短　　　　　周期　　　　　长 | |

由表4-3可见，从报道议题来看，国际媒体在两会报道中关注中国经济发展的总体状况，对中国经济与GDP、国企改革和对外贸易等议题都有涉及，这与国内媒体报道存在很大的共性。然而我们也可以看到，在国际媒体报道中也包括不少负面性的议题，比如：部分省市经济数据造假、中国对外投资过热和人民币汇率贬值压力增大等，这显示出一些国际媒体对目前经济发展中存在的问题有不少批评和质疑，同时对中国经济发展前景仍然存忧。

### （五）国际媒体两会经济报道与传播情况分析

研究使用了彭博财经信息数据终端的检索功能来对国际媒体两会期间的经济报道进行整理与分析。通过NT（News Trends）功能，输入关键词，检索时间范围在2017年2月21日到3月31日，即两会的前后各一周时间内的国际媒体报道，并生成反映新闻报道数量变化的数据图。以下展示了有关数据结果：

#### 1. 关键词"Two Sessions"

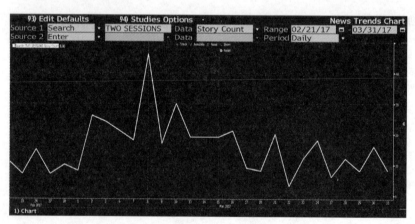

图4-11　全国两会的总体报道传播情况

国际媒体关于"Two Sessions（两会）"的总体报道情况显示，在 3 月 8 日左右形成一个报道数量上的高峰。报道的触发点大致在 3 月 2 日形成，即"两会"开幕日前后，3 月 16 日后报道高峰期结束。这一期间包含由不同事件生成的报道小高峰，显示出长期议题传播中的事件驱动型特征。

### 2. 关键词"China"&"GDP"（国内长期经济议题）

"China & GDP（中国经济与 GDP）"属于国内长期议题。3 月 5 日李克强总理在政府工作报告中公布了 2017 年中国经济增长目标，由于时差关系，外媒基本在 3 月 6 日早上完成报道。中国经济发展是长期性议题，在样本观测期间，该议题的峰值明显由总理记者招待会等重大事件带动，呈现出事件驱动型的传播特征。

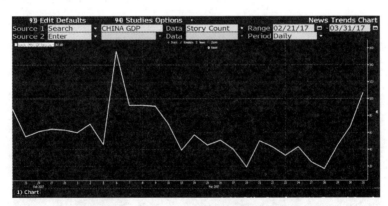

图 4 - 12　China & GDP 议题报道传播情况

### 3. 关键词"HK-China Bond"或"Bond Connect"（国内短期经济议题）

"HK-China Bond 或 Bond Connect（'债券通'的试行）"属于国内短期经济议题。该议题在 3 月 15 日李克强总理提出当天达到报道最高峰。议题报道数量的波峰和波谷差距较大，说明热点持续时间较短，这与议题本身的短期性特征相呼应。

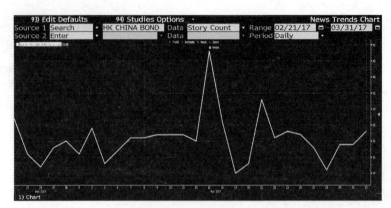

图 4 – 13　HK – China 或 Bond Connect 议题报道传播情况

### 4. 关键词"China"&"Trade"（国际长期经济议题）

"China & Trade（中国对外贸易）"属于国际长期经济议题，该议题在 3 月 8 日形成报道数量上的高峰。究其原因是当日公布了 2 月份进出口数据，中国时隔三年首次出现贸易逆差。3 月 15 日，李克强总理在"两会"闭幕后的记者会上，称"不希望看到中美打贸易战"，随后该议题形成 200 篇左右报道的小高峰。由此可以看出，这一议题的报道也基本呈现关键事件驱动型的传播特征。

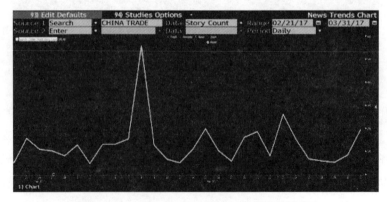

图 4 – 14　China & Trade 议题报道传播情况

### 5. 关键词"Renminbi"（国际短期经济议题）

"人民币汇率贬值压力增大"的议题属于国际短期经济议题。该报道数量起伏较大，显示出明显的时间点特征，最高点出现在 3 月 15 日，报道共400 篇，最低点则只有 200 篇报道左右。李克强总理在 3 月 15 日答记者问时称，人民币在国际货币体系中会持续保有分量，汇率将保持基本稳定，这一表态引发国际媒体的评述高峰。报道的次高点则出现在 3 月 10 日，当日央行行长周小川出席两会记者会，也提及到人民币汇率问题。

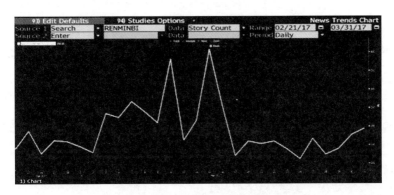

图 4 - 15　Renminbi 议题报道传播情况

## （六）对国内外媒体两会经济新闻报道与传播情况的分析及实践启示

以上介绍了本研究使用百度指数和彭博数据终端对 2017 年全国两会期间经济新闻报道与传播情况进行分析的数据结果，基于此可以得到以下结论与启示：

### 1. 从经济议题的类型来看

从经济新闻报道与传播的议题类型来看，国内媒体更多聚焦长期性经济议题，供给侧结构性改革、金融市场和国企改革、创新创业等议题都是报道的重点。同时，短期性议题，比如"债券通"的试行、遏制房价过快上涨的政策性措施和 TPP 等也是讨论与关注的热点。但是，由于两会的长期性、战略性和宏观性特点，国内媒体关注的焦点相对还是放在对宏观性议题的探讨上。而国外媒体除了对长期议题关注外，对短期性议题，比如部分省市的 GDP 造假和短期的人民币贬值压力也进行了不少报道与评议。这说明国外媒体在报道中国经济发展的整体趋势的同时，也对我们发展过程中的一些短期性问题存在质疑。

### 2. 从传播的渠道特点来看

在对相关议题的观测中，百度指数显示 PC 端的议题搜索量明显低于移动端，PC 端在一个固定时间段内的搜索最高点与最低点的差值更大，低点更低，这意味着用户在 PC 端议题搜索热度比移动端"冷"得更快。同时，在一些议题中，移动端会形成一到两个明显的搜索高峰，但是 PC 端则走势缓和，没有特别明显的热点出现。在一定程度上，这可以理解为不同渠道用户对议题追踪的热情程度不一致：移动端用户对热点追踪的热情较 PC 端用户更高。值得一提的是，这些特征在长期经济议题中体现得更为明显。这说明受众在经济新闻的获取中对移动端的偏好越来越为明显。

### 3. 从议题的内容特性来看

从经济议题的内容特性来看，专业性和贴近性影响议题的搜索量。经济新闻的专业性强于普通新闻，因而具有一定的特殊性。从百度搜索指数的结果看，金融类议题的搜索量普遍不及政治经济类议题和产业经济类议题的搜索量。这是因为：一方面，政治经济和产业经济类议题更贴近百姓日常生活，和民生相关；另一方面，这也和金融类议题专业性更强有关。例如，"民间投资增速企稳与 PPP 兴起"的议题搜索量最高值为 356 次，"证监会完善退市标准"最高搜索量为 384 次，而大多数政经和产经议题搜索量都为上千次。但是，这并不意味着经济议题的专业性同议题的热度和日常生活的贴近性是相互矛盾的。例如，"互联网金融与风险防范"这一议题的热度很高，但是专业性也不弱。恰恰相反，考虑经济议题的专业性，根本上也正是因为只有这样才能更好地为读者提供贴近性更强、更易于理解的经济信息。

### 4. 从报道的呈现方式来看

从经济新闻的呈现方式来看，2017 年两会经济报道的呈现形式多样化，很多媒体都凭借其优势资源大展拳脚，形成形式多样的新媒体报道。网络媒体腾讯新闻策划了十个不同议题的 H5 作品，包括《总理记者会直播》《代表委员你们在哪里啊？》《政策来了》等，以直观、生动的方式，为读者带来深入浅出的经济报道。主流媒体在两会报道中也一显身手，《人民日报》中央厨房制作的 H5《两会喊你加入群聊》不到 24 小时点击量就突破 600 万。央视作品《总书记"下团组"漫评》以"条幅漫画动图 + 特约评论员解说"的方式，直击总书记在两会现场的活动细节，以网络语言进行解读，呈现方式轻松活泼。新华网设立了"VR 视角"栏目，观众可以通过移动鼠标，挑选自己关注的两会现场，形式新颖、生动有趣。

### 5. 从传播的特点与规律来看

研究发现，两会经济报道中大部分议题的传播呈现出关键事件驱动或是关键时间驱动的特征。总体来看，国内短期经济议题具有内容较为明确和时间范围较短等特点，故而主要呈现因果顺序的传播路径特征，在关键时间点出现报道高峰，且高峰过后议题冷却较快，遵循关键时间点驱动的传播规律。国内长期经济议题则由于传播周期较长和不确定性因素较多等特点，主要呈现出偶然性和自我强化的路径特征，传播路径反复、波动，在关键内容发布后达到报道高峰，符合关键内容驱动的传播规律。而国际性的长期经济议题也由于影响范围大和易受到偶然因素影响等特点，在重要事件节点出现时会达到多次报道高峰，遵循关键事件驱动的传播规律特征。

### 6. 对经济新闻报道与传播实践的启示

以上的研究发现也对媒体经济新闻报道与传播实践带来一定的启示。首先，由于国内外媒体对不同类型经济议题的关注存在差异，这就需要我们分清国内传播和国际传播中的矛盾点与关键点，进行有针对性的差别式传播。在国内报道中，我们要紧跟国家政策形势，深入解读经济运行规律，处理好信息发布速度与解读深度之间的关系，引导受众持续关注经济发展中的重要议题；而在对外经济报道中，则要针对焦点议题进行更为客观细致的解读、厘清矛盾点，引导国际社会正确看待中国经济发展的现状、风险与存在的问题，同时也要增强民众对中国经济发展前景的信心。

其次，从经济信息的获取渠道来看，移动媒体平台的使用越来越为常见。因此，如何在移动平台上进行有效的经济传播是我们在经济新闻实践中需要重点探讨的问题。在经济报道的传播设计中，既要融合传统渠道和新媒体渠道的优势，也要进一步开发移动客户端的便捷性资源。在新媒体时代，经济新闻报道的主要挑战就要是选择多元化的传播终端，以最优化的传播方式，达到更为理想的传播效果。

再者，经济议题虽然有其专业性，但与此同时也应更好地贴近百姓生活。因此，在表达层面，我们对经济议题的表达应该更加通俗化；在内容层面，也应更加注重与民众的贴近度。经济新闻报道要抓住受众的注意力必须使议题与民众的生活紧密关联，从而让报道的主题更加吸引人。经济报道要抓住要害，把握住经济运行的规律，做到以内容吸引人。另外，语言精练和表达有趣，才能使读者产生阅读兴趣。

同时，在经济报道中还需要不断探索创新的呈现方式。在报道形式层面，注重融合技术的运用，使用数据、图标、文字和视频等多媒体手段进行全方位报道。从与受众关系的角度考虑，要提升经济新闻的传播效果还需要增强互动性。新媒体技术的应用为实现与受众互动提供了多元化的手段，尤其对于存在争议的经济议题，更需要通过互动和反馈来及时回复、解答疑问、增进了解，从而提高传播效果。

最后，经济新闻的报道和传播虽然有其偶发性特征，但也依循一定的客观规律，其存在因果相循的路径依赖特征。因此，要提升经济新闻的报道和传播效果，就要对其议题特点和传播规律进行认真的梳理与客观的分析，掌握经济报道的特点，尊重传播的科学规律，从而提升实践中报道传播的有效性，更好地为经济发展服务。

## 二、中国经济对外传播的思考与建议

中国经济步入"新常态"的发展阶段以来，面临着调整产业结构、转换经济发展方式等一系列严峻考验。如何在国际政治经济形势不断变化，以及数字媒体技术快速发展的背景下，利用不同的媒体手段开展有效的对外报道与传播，宣传中国经济发展中的正能量，引导国际社会正确看待中国经济的现状与前景是我们在对外传播研究与实践中亟待关注的重要议题。

做好经济对外传播，需要我们了解经济发展的深刻内涵，遵循经济传播的客观规律，也需要我们能够掌握国际化的表达方式和数字化的传播手段。为此，本部分以近年来中国经济发展中引发国内外媒体关注的若干典型议题为例，分析经济报道与传播的背景与内容，总结传播特点与规律，探索提升中国经济对外传播效果的路径。

### （一）经济传播与经济对外传播

经济传播指经济信息的采集生产以及发布扩散，其涉及的传播主体包括政府、媒体、企业、研究机构以及随着社交媒体的兴起规模不断扩大的传播自媒体。经济传播所涉及的内容丰富，包括政府与企业的经济数据与经济信息，财经媒体所采集、编制和生产的经济报道、特写、分析与评论等内容产品以及专业研究机构发布的研究分析报告等。

经济对外传播是面向国际市场与受众的经济传播。由于经济信息内容专业性强、议题复杂多元、传播影响范围广，在经济对外传播中需要具备扎实的专业基础、深刻的社会认知，以及系统报道与传播复杂性经济议题的能力。随着经济社会的快速发展，中国作为世界第二大经济体备受关注，但由于语言、政治和文化等诸多原因，国际社会对中国经济现状与发展的认识还存在不少误区，迫切需要在对外经济传播的过程中，用客观、真实和生动的语言，来消除误解、解除争议，讲述中国经济故事、发出自信而专业的中国声音。

## （二）经济对外传播的议题与传播规律

经济对外传播包含多元化的议题。从经济议题出现的频率（是否为常规性）和持续的周期（短期或长期议题）两个维度来划分，可将其归为以下四种类型（见表 4 - 4）：

表 4 - 4　　　　　　　经济议题分类

| 高<br>频<br>率<br><br>低 | 常规性短期经济议题<br>如：周期经济数据发布 | 常规性长期经济议题<br>如："十三五"规划与发展 |
|---|---|---|
| | 非常规性短期经济议题<br>如：人民币 SDR "入篮" | 非常规性长期经济议题<br>如：金融改革等相关议题 |
| | 短　　　　　　　周期　　　　　　　长 | |

常规性短期经济议题指周期性出现，报道和传播持续时间较短的议题，比如中国经济数据的周期发布等；常规性长期经济议题指周期性出现且报道和传播持续时间较长的议题，比如："十三五"规划与发展的报道与传播

等；非常规性经济议题指单发而持续时间较短的议题，比如：人民币加入 SDR 货币篮等议题；而非常规性长期经济议题指单发但持续时间较长的议题，比如：金融改革等相关议题。

为厘清不同的经济议题并了解其传播规律，本研究从以上四类议题中各选择一例来进行简述与分析。在研究方法上，利用彭博数据库财经服务终端的 NT 功能，设置核心词与时间范围来对相关议题的国内外媒体英文报道进行检索，观测该议题的传播趋势，总结规律与特点。同时，本研究也特别针对中国媒体的对外英文报道来进行梳理，分析不同经济议题的对外传播，并提出相关建议。

## 1. 常规性短期经济议题的传播

在经济传播中有不少常规性短期议题，反映经济发展中的阶段性状况，其中以经济数据周期发布最为典型。长期以来，西方社会存在一些对中国经济数据的猜测与质疑，为此，每逢重要经济数据发布，在国际舆论场中国外媒体的负面报道十分常见；甚至，质疑中国经济数据的质量成为国际媒体报道中的安全性策略。因此，解读中国经济数据，介绍中国社会发展的客观状况成为对外经济传播中的一项重要内容。

2015 年上半年，中国 A 股市场经历了强烈震荡，大盘下跌超过 2300 点，A 股市值损失 22.3 万亿。股市是宏观经济的晴雨表，在股市大幅震荡且政府救市收效甚微的情况下，市场对宏观经济形势的判断负面走向增多；因此，第三季度经济数据发布引发了国内外媒体的极大关注。2015 年 10 月 19 日，国家统计局公布第三季度 GDP 增长 6.9%，新闻发言人盛来运表示，"经济运行总体平稳，且稳中有进、稳中向好"。

这一统计结果发布前后，出现了大量相关报道。从彭博数据端的定量分析结果来看：该议题传播的时间范围内有明显的引爆点，在数据发布当日该报道数量被推至峰值，这显示出该事件传播明显的因果顺序特征。然而，这一事件在传播路径中却没有明显的冷却点，而是受到内外部性因素的影响，在正负反馈机制的作用下，传播路径出现反复和波动。具体而言，在宏观经济数据发布之后的一段时间内，对该议题的报道在数量上虽然减少，但却仍然维持一定的热度，并未因发布结束而迅速冷却（见图 4－16）。这与一般性议题的传播规律相异———一般来说，由于新信息涌入，旧事件会迅速冷却，报道数量急剧减少，很难在长时间内维持热度。但是，这一经济议题的传播却显示出明显的特殊性，而这一特性与其发生的背景紧密相关。

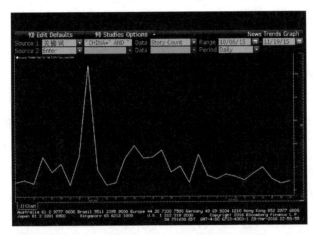

**图 4－16　2015 年第三季度宏观经济数据发布报道传播趋势图**

2015 年中期发生的强烈股市震荡使市场对于宏观经济的预期走低，民众自身感知与政府经济数据之间产生了差异，由此引发了讨论与质疑，甚至在数据公布后一段时间内，对于该议题的关注并未停止，而是持续了较长一段时间才逐渐降温。由此可见，经济传播中的市场背景因素会对议题的传播产生巨大影响，使传播路径在正负反馈机制中发生波动。

从传播内容的定性分析来看，国外媒体多以中性和负面报道为主，且负面报道集中质疑中国经济数据的质量。CNN，Quartz 和 Guardian 在标题中均用"surprise"一词来凸显数据与市场判断之间的差异，认为 GDP 被高估。

国际媒体报道在国内舆论场中也引发负面效应，一部分专业媒体和自媒体评议认为，资本市场是实体经济的反映，当资本市场萎靡的时候，实体经济的增长率高于民众预期。

在这一过程中，国内媒体对此议题的对外报道主要还是以介绍经济数据本身为主，对市场背景的解读和分析尚不充分，因而未能起到及时消除误解和平息争议的作用，使该议题的传播在较长时间内发生正负波动。因此，在此类经济议题的对外传播中，应该及时抓住矛盾点，深入持续解读经济事件的背景。同时，面对媒体质疑时要有针对性地解答市场与民众困惑，讲述真实客观的中国故事，提升对外传播的效果。

### 2. 常规性长期经济议题的传播

2016 年是"十三五"开局之年，"十三五"规划与发展是较为典型的常规性长期经济议题。通过彭博数据端聚焦"十三五"相关报道，发现在搜索时间段，相关议题的传播呈现出明显的多"凹"字形结构特特征，其传播路径表现出自我强化的特点，具体体现为该事件的传播虽然没有明确的触发点和冷却点，但在整个路径中，信息几乎没有冷却，而是不断出现一个个报道小高峰。这是因为对于中国经济社会整体发展而言，"十三五"规划是这一期间最重要的话题之一，任何相关内容的发布都会成为反馈因素来不断强化其传播路径。因此，此类经济议题的传播呈现出关键内容驱动型的多峰点特征（见图 4 - 17）。

从传播内容的定性层面分析，国外媒体报道多以介绍"十三五"背景与发展目标、肯定"十三五"规划的重要性以及对中国经济发展的意义为主，虽然也存在个别质疑"十三五"前景的声音，但报道多数正面、客观。国内媒体在此议题的对外传播中，主要聚焦"十三五"规划的内容和解读。不少媒体采用了多媒体可视化技术来进行相关词频统计、关键数据分析，达到了较好的传播效果。值得注意的是，在此议题的对外传播中也出现了一些创新点，比如：网络传播的"十三五神曲"以生动诙谐的方式介绍了"十三五"的内容和意义，得到了大量年轻人的关注与转发。由此可见，对于经济议题的传播，要充分利用新媒体优势，不断创新传播内容与方式，讲述生动有趣的中国故事。

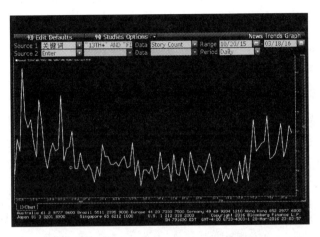

图 4 - 17　"十三五"规划报道传播趋势图

### 3. 非常规性长期经济议题的传播

金融改革中的股票发行注册制改革是较为典型的非常规性长期经济议题。我国于 20 世纪 90 年代建立股票市场审批制度，到 2000 年，中国特色市场经济制度确立近十年且发展较为平稳时，时任证监会主席周小川表示，要进一步完善股票发行核准制，为企业创造更多的条件。2001 年 3 月 17 日，股票发行核准制改革正式启动。股票发行核准制向注册制的过渡是中国金融市场改革中的核心议题，尤其在 2015 年下半年股市持续震荡的背景下，股票发行制度何去何从成为民众持续关注的热点。

从彭博服务端数据中可见，搜索时间段内该议题传播比较突出的峰值有三个。第一个出现在 2015 年 12 月 25 日，届时刚刚就任证监会副主席的方星海在国务院政策例行吹风会上对注册制改革的进程做出交代，引起媒体和民众的关注，成为该议题传播中的一次触发点，使报道数量达到小高峰。

　　2016年1月4日到1月7日间是传播的第二个小高峰期，此间资本市场经历了熔断机制的启动和迅速结束。2016年1月4日是当年首个交易日，A股市场午后开盘连续两次触发熔断值，引发近千只个股跌停。1月7日，A股开盘后半小时内两次熔断，近1700只个股跌停。短短四天时间内两次触发熔断，创历史最快收盘纪录。为此，7日晚，证监会批准决定暂停指数熔断机制，造成股市大幅震荡，再次引发市场对于注册制改革的关注。由于注册制改革需要"积极稳妥，平稳有序"的市场条件，而在震荡的资本市场背景下，媒体和民众对于实施注册制的条件是否成熟产生了怀疑，出现第二次媒体报道高峰。

　　2016年3月12日是该议题传播中的另一高峰日，其引爆点是届时新上任证监会刘士余主席关于注册制改革进程的表态。"十三五"规划原定在2016年3月1日开始实行注册制，但经历了熔断机制造成的股市波动后，注册制改革能否顺利实施引发很多猜测。刘士余指出注册制改革暂缓实行，需要在相当长的时间内逐渐推进。在明确获知准确的政策走向后，该事件传播达到高潮，媒体报道数量大幅攀升（见图4-18）。

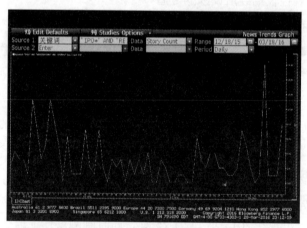

图4-18　股票发行注册制改革报道与传播趋势图

　　作为非常规性长期经济议题，该事件的传播受到偶然因素的影响，经历了注册制改革启动、股市熔断和延缓启动等偶然性事件，使传播路径出现反复和波动，并在波动中自我强化，直至注册制延缓推行的消息得到确认后，传播达到峰值。该议题传播符合关键内容驱动的特征，在其路径中，关键内容的发布、金融市场的波动等对信息走向产生影响，形成议题的传播路径特点。

　　从该议题报道的定性分析来看，国外报道相对中性客观，主要介绍中国金融市场改革，也有一部分对于中国金融改革的力度和进程提出质疑①。而从国内媒体的对外传播报道来看，传播力度有待进一步加强，在报道量上中国内媒体对此议题的英文报道占比极少（不到10%）。因此，在对外传播中应充分解读中国金融市场改革的本质和内涵，理清股票发行注册制改革的背景和历程。同时，结合熔断、股市动荡等突发事件来进行分析，讲述全面系统的经济故事，塑造中国金融改革的积极形象。

### 4. 非常规性短期经济议题的传播

　　2015年12月1日凌晨，国际货币基金组织（IMF）总裁拉加德宣布，批准人民币加入特别提款权（SDR）货币篮。自此，人民币成为继美元、英镑、日元、欧元之后的国际储备货币，这是人民币国际化进程中具有重要意义的里程碑事件。

　　通过彭博数据分析可见，搜索时间段内该事件的传播有两次较为明显的峰值，形成传播路径中的触发点和引爆点。第一次峰值出现在2015年11月16日，当日下午，离岸和在岸人民币兑美元（CNH）暴涨，汇率大幅波动引发了市场对于人民币加入SDR货币篮的猜测和讨论。而美英等国则在当日表示，对人民币"入篮"持支持态度。同时，20国集团领导人峰会在土耳其举行，习近平主席发表讲话，指出"人民币加入SDR，有利于维护全

---

① 杭敏. 探索中国经济对外传播，《对外传播》，2017（03）.

球金融稳定",他表示"期待人民币加入 SDR",各媒体对此进行了大量报道和转载。第二次高峰出现在 2015 年 11 月 30 日至 12 月 1 日,其间 IMF 宣布人民币成功加入 SDR,报道数量急剧增长,成为该事件传播中的引爆点。

由于人民币"入篮"所标志的中国金融国际化进程是一个具有长期性意义的事件,虽然其将在未来长期影响中国经济发展,但短期效果尚不明显,因此,该事件的传播路径冷却较快,在两次高峰之后,热度迅速削减(见图 4 – 19)。

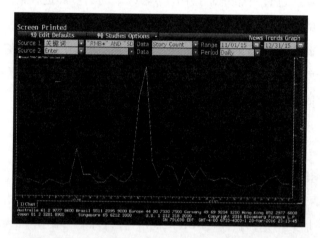

图 4 – 19   人民币加入 SDR 货币篮子报道趋势图

由此可见,对于非常规性经济事件,由于没有以往的报道策划作为借鉴,在关键事件发生后,媒体报道出现峰值,呈典型的关键事件驱动型特征;但同时,报道热度的出现和冷却都较快,时间点清晰,传播关键点明显。

从报道的定性层面来分析,国外报道主要集中在中国是否具备加入 SDR 货币篮资格等方面;而国内媒体的对外传播报道则覆盖了 SDR 在中国金融国际化进程中的意义以及 SDR 促进金融改革等议题。SDR 是国际性金融议题,非常适合对外传播报道,但在这一过程中,需要有专业性和国际化的解读，也需要通过数据图表等多媒体形式来进行可视化表达，使复杂的金融议题更清晰易懂，贴近民众生活。由于此类议题传播受关键事件驱动，热点明显，而热度消退较快，所以也需要对外传播报道抓住关键时间点，集中宣传中国金融国际化进程中的重要成果，讲述国际发展中的中国故事。

## （三）提升中国经济对外传播效果的路径

以上述四类经济议题为例，本书分析了经济传播的特点和规律，提出了对不同议题在外报道与传播中的具体建议。即做好经济对外传播需要尊重客观传播规律，具备扎实的专业基础、国际化的表达方式和多媒体融合应用的综合技能。为此，以下对相关要点做一归纳。

### 1. 充分认识和尊重客观传播规律

在经济对外传播中首先需要充分了解议题特点，认识传播规律。不同经济议题具有不同的传播路径与特征，在对外传播中需要尊重客观规律，抓住关键时间点，及时报道与传播。同时，也应掌握信息平衡原则，避免一边倒的报道，全面阐述经济发展中的机遇和与挑战，增加面对经济问题时的客观分析与专业研判，确保对外传播中信息的客观度与真实性。要用国际化的语言报道中国经济发展，讲述真实客观的中国故事。

### 2. 打造专业化的经济议题认知基础

经济议题的传播具有规范性的要求，需要有专业化的认知基础。因此，有必要建立专业化的培养机制，结合中国经济社会发展的背景，系统介绍经济转型中存在的重点与难点，启发客观思考、冷静分析，提倡科学应对，以专业化的内容来回应国际社会对中国经济发展的问题和质疑，提升经济对外传播中的报道深度与客观性效果，讲述系统全面的中国故事。

### 3. 培养多媒体融合应用的综合性技能

我们已经进入到一个数据驱动的新闻生产时代，也走在一个媒介融合的信息传播时代。在经济对外传播中，数据分析与新闻可视化地呈现极大地提升了信息传播的效果，而对网络媒体、移动媒体和社交媒体平台的融合应用也有效地拓展了信息传播的范围。因此，在数字媒体时代，还需要培养多媒体融合应用的综合技能，用更加创新的方式报道中国经济发展，讲述丰富多元、生动有趣的中国经济故事。

# 三、国际贸易议题报道中的分析与思考

国际贸易是财经新闻报道中的重要内容。随着贸易全球化的拓展，国际贸易报道中的热点性、争议性话题不断出现，引发了受众的极大关注，如何在新媒体时代做好全球贸易报道也成为财经新闻研究中亟待探讨的议题。本部分以"中美贸易"议题为例，选取 2018 年 3 月下旬该议题引爆到 5 月中旬中美两国发表联合声明作为分析区间，介绍与讨论在这一期间中国主流媒体和国际媒体对相关议题的报道以及社交媒体平台上相应的受众舆情变化，以期提供关于贸易报道的数据与思考。

## （一）关于"中美贸易"报道的用词及语气

2018 年 3 月 23 日，美国总统特朗普签署对华贸易备忘录，宣布将有可能对由中国进口的 600 亿美元商品加征关税，同时限制中国企业对美投资并购。这成为"中美贸易"议题引发关注的引爆点。到 2018 年 5 月 19 日，中美两国在华盛顿就双边经贸磋商发表联合声明，在减少美对华货物贸易逆差等六个方面达成共识，标示该事件告一段落。在此期间，"中美贸易"议题引发了国际社会的强烈关注，也汇集了大量中外媒体报道。我们在事件窗口期采集了国际媒体的相关英文报道，发现从报道用词（Terminology）来看就存在很明显的多样性。国际媒体报道中指代事件的用词包括"贸易战（trade war）""贸易冲突（trade conflict）""贸易争端（trade dispute）""贸易紧张（trade dispute）"等等，而其中"trade war"的使用次数最多，其次是"trade tension"以及"trade dispute"。这表明国际媒体在这一事件报道中的定位还是以"争端、争议和冲突紧张"为主；除此之外，也可见"知识产权（Intellectual Property）"和"网络安全（Cyber Security）"等用词，这些是西方一些媒体谈及中国往往会触发的议题，显然这次事件也不例外。

表 4 – 5　　　　　　　国际媒体对于"中美贸易"报道的几种用词

| Source | Trade War | Trade Conflict | Trade Tension | Trade Dispute | Intellectual Property | Cyber Security |
|---|---|---|---|---|---|---|
| Fox News | 11 | 0 | 1 | 4 | 2 | 0 |
| CNN | 9 | 0 | 0 | 1 | 2 | 0 |
| NYT | 14 | 1 | 0 | 3 | 1 | 1 |
| Washington Post | 9 | 1 | 0 | 2 | 6 | 0 |
| WSJ | 30 | 5 | 28 | 14 | 12 | 2 |
| Total | 73 | 7 | 29 | 24 | 23 | 3 |

数据收集与分析：Dunham & GBJ Class, 2018

　　其次，从国际媒体报道的语气（Tone）方面来分析报道的情感态度，可见中性立场报道占比最大，大多报道都能从客观事实陈述的角度来呈现事件，以介绍性、描述性和分析性报道为主；而当涉及"冲突（conflict）"之类用词时，负面情感变得更为多见。这说明国际媒体在这一事件中还是存在较多的不安、猜测和怀疑的情感态度。

表 4 - 6　　　　　国际媒体对于"中美贸易"报道的情感态度

| Term & Tone | Trade War | Trade Conflict | Trade Tensions | Trade Dispute | Intellectual Property | Cyber Security |
|---|---|---|---|---|---|---|
| Negative | 16 | 0 | 1 | 2 | 4 | 1 |
| Neutral | 54 | 7 | 28 | 21 | 19 | 2 |
| Positive | 3 | 0 | 0 | 1 | 0 | 0 |

数据收集与分析：Dunham & GBJ Class，2018

## （二）海外社交媒体舆论观察

为进一步了解海外受众对"中美贸易"事件的舆论态度，本研究通过 Social Bearing① 和 Social Mention② 平台对海外社交媒体中的受众态度进行了分析。Social Bearing 是针对 Twitter 开发的社交媒体情感分析平台，能够展现 Twitter 上关于某一议题的原发、转发、讨论情况与情感走向。该平台数据结果显示，在 4 月初事件初期，Twitter 的推文以转发为主，到中期随着事件发酵和信源的丰富化，受众开始有了更多一手判断，原创推文增多，到 4 月底占比一度达到 70%。

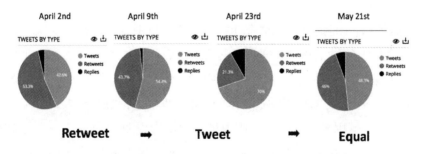

图 4 - 20　推特用户对"中美贸易"事件的判断走向

分析制图：李唯嘉，2018

---

①　SocialBearing 是一个针对 Twitter 开发的社交媒体情感分析平台，能够分析近 9 天内 Twitter 上关于某一议题的讨论情况，见：https：//socialbearing.com

②　Social Mention 是一个综合性社交媒体分析平台，能够分析议题在社交媒体平台上的讨论热度与范围，见：http：//socialmention.com

在情感态度方面，在 4 月初事件触发前期，40% 左右的推特用户在此议题中保持中立，15.2% 表现积极态度，总体来说大部分用户持有中性或者积极态度。随着事件发展以及各方意见冲突的加剧，受众舆论更为多样化，消极态度也开始增加，一度升至 43%。而到 5 月中旬以后，由于对中美贸易战阶段性解决方案的探讨告一段落，消极意见较中期出现明显减少，再次呈现出中性与积极态度为主的情感态势。

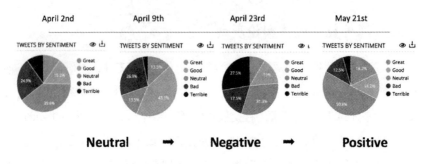

图 4 - 21　推特用户对"中美贸易"事件的情感态度变化

分析制图：李唯嘉，2018

Social Mention 则是一个综合性社交媒体分析平台，旨在关注某一议题在社交媒体上的讨论热点。通过观测我们可以发现，在事件之初，用户讨论热点聚集在"贸易（trade）""关税（tariffs）""争端（dispute）"等方面，而到后期随着事态的发展和争议的进一步解决，"股票（stock）""芯片（Chip）"等则被更多提及，成为热点词汇，说明受众对这一事件对资本市场的影响以及事件中核心的"中兴危机"的未来发展态势等都极为关注。

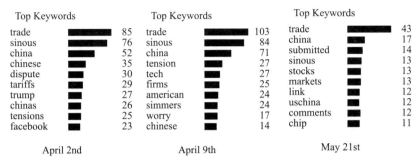

| Top Keywords | | | Top Keywords | | | Top Keywords | | |
|---|---|---|---|---|---|---|---|---|
| trade | | 85 | trade | | 103 | trade | | 43 |
| sinous | | 76 | sinous | | 84 | china | | 17 |
| china | | 52 | china | | 71 | submitted | | 14 |
| chinese | | 35 | tension | | 27 | sinous | | 13 |
| dispute | | 30 | tech | | 27 | stocks | | 13 |
| tariffs | | 29 | firms | | 25 | markets | | 13 |
| trump | | 27 | american | | 24 | link | | 12 |
| chinas | | 26 | simmers | | 24 | uschina | | 12 |
| tensions | | 25 | worry | | 17 | comments | | 12 |
| facebook | | 23 | chinese | | 14 | chip | | 11 |
| April 2nd | | | April 9th | | | May 21st | | |

图 4 – 22　Social Mention 上用户对"中美贸易"事件讨论热点的变化

分析制图：李唯嘉，2018

## （三）国内社交媒体舆论观察

在对海外社交媒体舆论进行观测的同时，本研究也对国内两大主要社交媒体微博和微信平台上对"中美贸易"事件的信息传播与舆论情况进行了观察。首先，我们使用微博指数（Weibo Index）对新浪微博上 3 月 22 日至 5 月 21 日的舆论动向进行了统计。根据微博热词趋势（热词趋势是在自定义时间段内该关键词被提及的变化趋势，统计的博文包括原创和转发）来看，在 3 月 23 日中美贸易战当天趋势骤增达到顶峰。4 月初，中国决定对美部分商品加征关税，贸易战升级，热词趋势也出现了一个小高潮。5 月底双方宣布停止贸易战也使得"中美贸易事件"在微博中再次被反复提及。

在微博关注的地区分布上，北京与广东关注度最高，东部沿海城市的微博用户比西部城市关注度更高，很明显，这是因为海外贸易工作占比更大的地方更关注中美贸易战的进展。从年龄和性别分布上来看，主要关注该事件的人群年龄在 19 到 50 岁，男性多于女性。

在微信平台上，微信指数显示了和微博平台相似的数据波动趋势，以及相似的提及热区的分布。微信平台上针对中美贸易议题在 3 月 22 日至 5 月 22 日时间段内出现了许多原创性文章，其中阅读量在十万以上的原创文章就

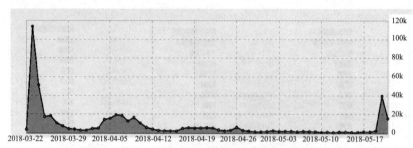

图 4 – 23　"中美贸易"事件的微博热词趋势

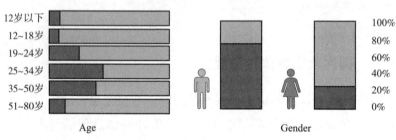

图 4 – 24　关注"中美贸易"事件微博用户的年龄和性别分布

分析制图：周缘，2018

有 61 篇。其中，分析原因或影响类的文章占比最大，其次是事件介绍、主观看法类的文章。从文章倾向性上来看，微信平台上文章态度较为积极（81%），多数人倾向于更客观地看待贸易议题并讨论贸易争端的解决方式。

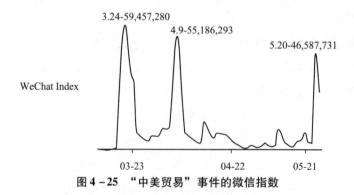

图 4 – 25　"中美贸易"事件的微信指数

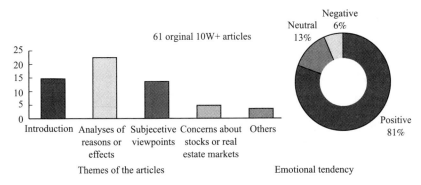

图4-26　微信平台上针对"中美贸易"事件的文章议题种类分布及文章态度

分析制图：周缘，2018

## （四）中国主流媒体报道

在"中美贸易"议题在海外及国内社交媒体场域都频繁提及并广泛传播的背景下，国内外媒体也进行了大量的报道。针对国内主流媒体的报道，本研究选择从主流媒体在海外社交平台上的传播来进行专门分析。研究使用"US trade""U. S. trade""trade war"作为关键词，对人民日报、新华社以及CGTN三家主流媒体的推特账号在3月23日到5月21日间发布的内容进行了整理与分析，发现新华社以平均每天9条相关推特的数量成为主流媒体在推特平台上的报道主力。

表4-7　　主流媒体对"中美贸易"议题发布的推特数量

| Media | No. | No/Day | Likes/Tweet | Retweets |
|---|---|---|---|---|
| 人民日报（@PDChina） | 28 | 3 | 518 | 280 |
| 新华社（@XHNews） | 86 | 9 | 6800 | 777 |
| 央视（@CGTNOfficial） | 47 | 5 | 1200 | 81 |

分析制图：李唯嘉，2018

从推特平台的报道形式来看，三家主流媒体大部分推文使用原网站文章链接（Text link）以及长推特（Long tweet）的方式。

表4-8 主流媒体"中美贸易"推文的形式

| | | % | Average Retweets | Average Likes |
|---|---|---|---|---|
| Forms | Video news | 30% | 52 | 279 |
| | Text link | 70% | 39 | 177 |
| Length | One-sentence tweet | 39% | 51 | 353 |
| | Long tweet | 61% | 38 | 118 |

分析制图：李唯嘉，2018

研究还运用 Python 对主流媒体的推文进行了词频分析，从词云可见，"trade""tariff""say""will""talk"等是出现频次较高的词汇，这说明报道中运用了多方信源（says），"将要（will）"则暗示各方正积极寻找解决贸易摩擦的路径，强调这一议题引发高度关注；同时推文内容也反映出希望通过对话（talk）等手段解决贸易争端的意愿。

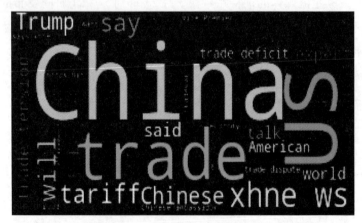

图4-27 主流媒体"中美贸易"推文中频次较高的词汇

分析制图：李唯嘉，2018

从报道框架方面分析，该事件有三种主要的报道框架：实证性报道框架（Positive Framing）、事件影响型框架（Impact Framing）和规范性报道（Normative Framing）框架。实证性框架下的报道主要是描述性的，注重对事件的进展发布报告并解释原因等；事件影响框架下的内容则对可能产生的结果进行预测；而在规范性报道框架下，报道内容集中在指令性的表态，比如"中国和美国都需要停止贸易战"（Both China and the US demandanendto the trade war）等方面。

回归主流媒体的国内报道，本研究观测了人民日报、新华社与中国中央电视台的报道趋势，发现主流媒体在传统平台和新媒体平台的报道趋势相近，新华社在这一事件报道中成为主力，无论是从传统媒体平台的报道数量，还是从社交媒体平台上的报道量来看，新华社相关报道都占据明显优势。

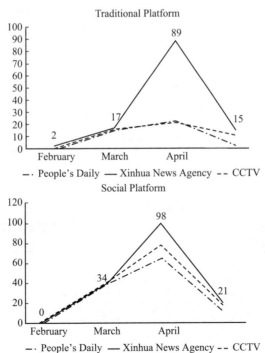

**图 4 - 28　国内主流媒体在传统平台和社交平台上对"中美贸易"的报道量**

分析制图：原洋、李昂，2018

## （五）国际媒体报道比较

除了中国主流媒体对"中美贸易战"报道分析，本研究还观测了国际媒体对该事件的报道。研究选取《华尔街日报》（中文版）与《金融时报》（中文网）3月22日至4月22日对相关议题的报道；同时对比两家媒体的英文版与中文版内容，发现其在英文网站上的报道数量相对更多，同时也显现一些差异化的内容特点。

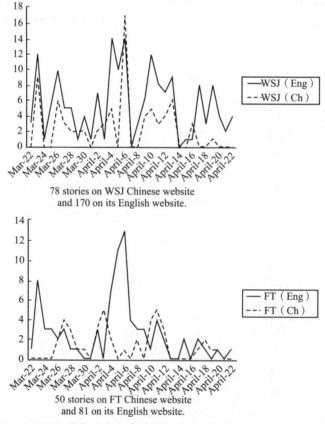

图4-29 国际媒体对"中美贸易"事件报道的英文版和中文版数量

分析制图：常佩琦、李东晓，2018

在关注点上，华尔街日报中文版主要关注"世界"（45%）与"经济"（26%），金融时报中文网则更多关注"宏观经济"（62%）方面的内容。

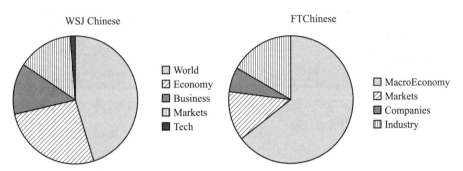

**图4－30　华尔街日报中文版和金融时报中文网对"中美贸易"事件的关注点分布**

分析制图：常佩琦、李东晓，2018

在报道类型上，华尔街日报中文版的深度报道数量多于金融时报中文网，两家媒体都倾向于使用评论与专栏的形式来对该议题进行报道，特别是金融时报中文网的本地编辑团队中，拥有许多经济学家与分析师为专栏提供意见与观点。同时，两家媒体的中文网都较少使用多媒体的报道形式来对该议题进行报道。

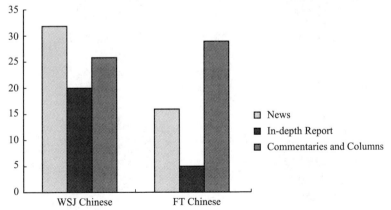

**图4－31　华尔街日报中文版和金融时报中文网报道"中美贸易"事件的类型**

分析制图：常佩琦、李东晓，2018

WSJ Chinese                 FT Chinese

图4－32　华尔街日报中文版和金融时报中文网报道"中美贸易"事件的关键词

分析制图：常佩琦、李东晓，2018

在报道的情感态度（Sentiment）上，对于"贸易争端"的议题来说，两家媒体多呈现中性甚至悲观态度；而当讨论到"中国"议题时，两家媒体都表现出积极和中立态度。

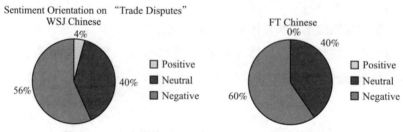

图4－33　两家媒体"贸易争端"议题的情感态度报道

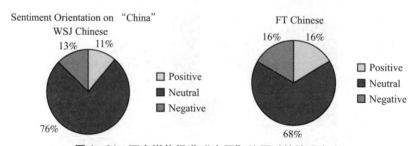

图4－34　两家媒体报道"中国"议题时的情感态度

分析制图：常佩琦、李东晓，2018

　　从内容的原创度上来看，两家媒体都体现了较高的本地内容生产的特性。华尔街日报中文版只有49%的内容是来自英文版的中文翻译，而金融时报的内容原创度更高，有58%都是当地作者为中文版原创的内容。这两家媒体都拥有有实力强大的本地专栏作家群体，这为他们生产定制化和本土化的专业新闻内容提供了保障。

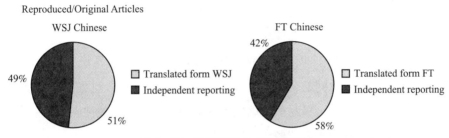

图4－35　两家媒体的内容原创度

分析制图：常佩琦、李东晓，2018

　　研究同时对两家媒体的相关报道进行了语义网络分析（Semantic Network Analysis）。语义网络分析可以发现关键词之间的关联性，从而找寻内容报道的特点与逻辑性。从分析可以发现，两家媒体的核心词汇（core words）包括中美政府、特朗普、中美关系等，与这些核心词最近的是贸易

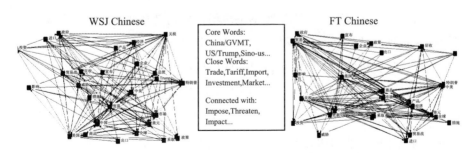

图4－36　对两家"中美贸易"事件相关报道的语义网络分析

分析制图：清华财经新闻

关税等词汇，也就是关键性议题，而这些关键性议题又与征收、威胁与影响等词汇相连，说明在提及这些关键词时还存在较多的不确定与复杂性，也呈现出国际媒体在报道"中美贸易"议题时内容层面的动态关联与情感态度。

## （六）报道全球贸易议题的思考与启示

在上述对社交媒体舆论、情感、态度和中外媒体报道传播情况分析的基础上提出对于报道全球贸易议题的思考与启示：

首先，随着贸易全球化发展的趋势，经济报道中的贸易议题不断增多，涉及不同主体国家之间的合作与博弈，以及区域间的经济利益，意义重大，国际化传播特色明显，极易引发国内外受众与媒体的集中关注，是我们在国际传播中需要把握的重要议题。

其次，随着社交媒体在经济信息传播中发挥着越来越为重要的作用，社交平台已经成为汇集财经资讯、传播思想观点和影响市场走向的重要媒体场域。很多热点财经议题在社交媒体平台上传播广泛、迅速发酵，形成活跃、复杂和多变的舆论状况，集中体现了受众对热点议题的情感态度。因此，需要我们对此予以密切关注并及时制定和调整相关报道与传播策略。

同时，在"中美贸易"议题的报道与传播中可以看到，国际媒体英文报道和中文报道内容不同、特点各异，这说明国际媒体在报道经济议题时正不断实践其差异化战略，力求立足本土市场，形成更有针对性的本土报道内容，以求更加有效的国际传播效果。

同样，研究也观测了中国主流媒体就此议题在海外社交平台上的报道与传播，发现主流媒体也体现出更为积极与主动的态度，在 Tweeter（推特）和 Facebook（脸书）上组织了专业团队来进行社交媒体的内容资讯发布。这是我国媒体更好地到达海外受众，并传播中国经济发展中客观、真实声音的有效举措。

最后，研究注意到，数据技术的发展使我们掌握了很多分析媒体报道内容、受众趋势和市场舆论情况的数据工具，一些第三方机构也提供了不少数据。因此，研究建议，在推进财经新闻报道的实践中，也应更加及时地配合市场数据，引进不同的分析手段，以数据来指导报道与传播战略的制定与调整，以研究来支撑我们形成专业化的报道与传播方案。